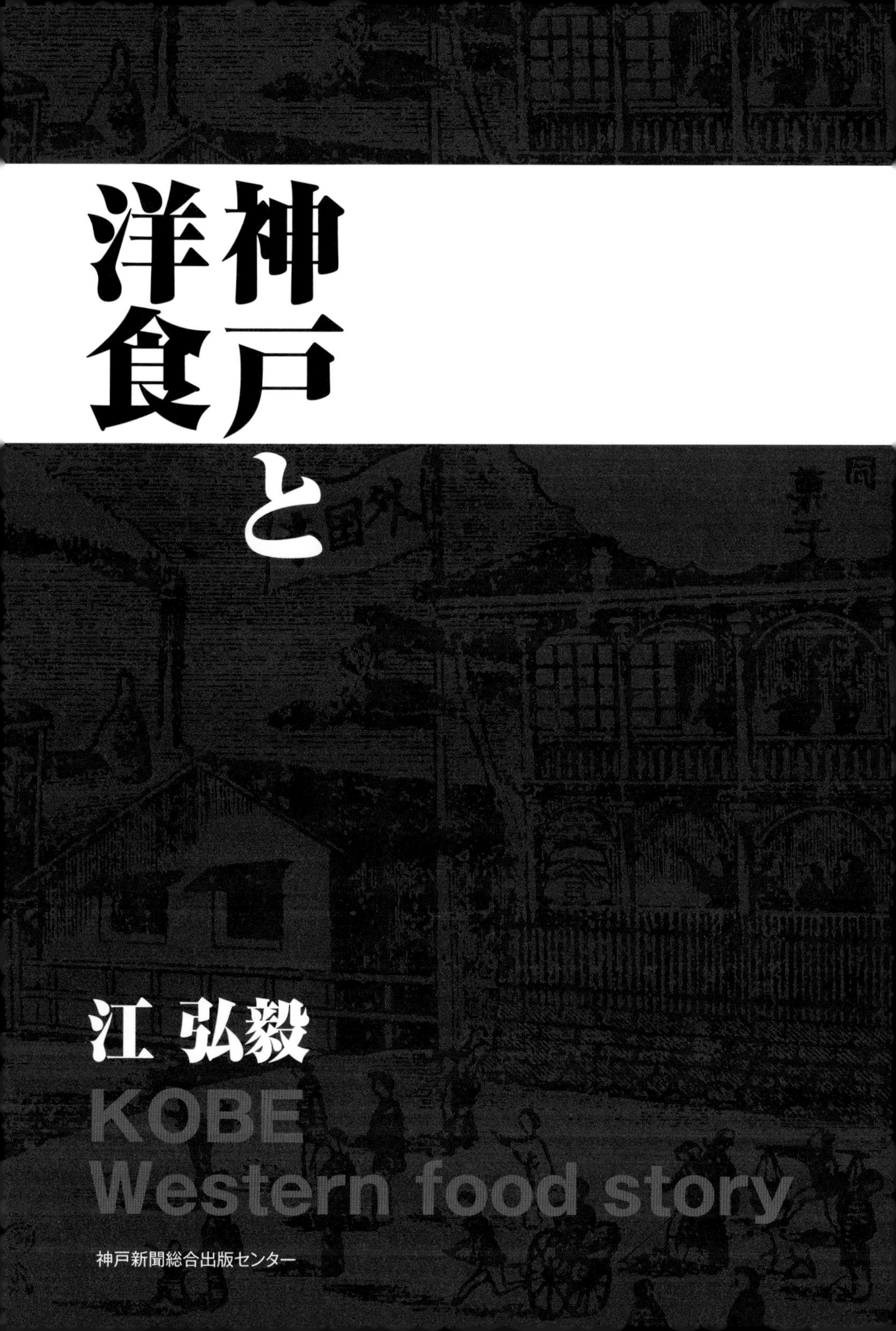

神戸と洋食

江 弘毅

KOBE
Western food story

神戸新聞総合出版センター

Contents‖神戸と洋食

Story 1

洋食の黎明 オリエンタルホテル

開港、文明開化と肉食……6
キプリングの神戸とオリエンタルホテル……12
ルイ・ベギューのオリエンタルホテル　黎明期から大正まで……19
オリエンタルホテルの料理とカレーについて……28
玉ネギ＝神戸物語……35
野菜と神戸阿利襪《オリーブ》園……41
三枝コレクションより　オリエンタルホテルの記憶……45
旧オリエンタルホテルの料理の伝承……50
そして今、大人気の旧オリエンタルホテルの料理……58

●Sion……62
●レストラン&ティー　瑠美……65
●L'Ami……69
●神戸精養軒　本店……73

Story 2

陸《おか》に上がった船のコック

「ぶら志る丸」の料理と「グリルミヤコ」……78
伊藤グリルの伝統とダイナミズム……86
日本郵船の洋食と谷崎命名の「ハイウェイ」……91
神戸の洋食とデミグラスソース……98

●グリルミヤコ……104
●伊藤グリル……108
●カリー味善……111
●ビストロジロー……114

Story 3

受け継ぐ味、進化する味

最新の洋食と伝統の洋食……118
第三の系譜「グリル一平」……123

●テアトル・ル・ボア……130
●グリル十字屋……133
●グリル一平　新開地本店……136
●グリル末松……139
●洋食SAEKI……143
●洋食屋ナカムラ……146
●洋食屋・双平……149

神戸とパン、洋菓子……151

※情報は2019年10月31日現在のものです。
価格は（税込）という表記があるもの以外は消費税別価格です。

Story
1

洋食の黎明
オリエンタルホテル

開港によって日本に西洋料理が入ってきた。
その嚆矢と呼べるのが、
神戸外国人居留地にあったオリエンタルホテル。
ホテルの歩みは洋食の歴史と重なる。

開港、文明開化と肉食

洋食はまた肉食である。

神戸で明治4年（1871）、岸田伊之助が外国人相手に牛肉販売を始めたのが［大井肉店］。二茶屋村《ふたつちゃや》（現元町通4・6丁目、栄町4・6丁目付近、神戸港となった神戸村の西隣にあたる）の農家だった伊之助が、外国船の船長から牛の納入を依頼され「農業用の牛」を納めたのが創業のきっかけだ。それが外国船相手の本格的な牛肉店の創業につながった。

元町7丁目に建てられ、店舗として使われていた明治20年頃の2階バルコニー付きの洋館が愛知県犬山市の明治村に移築されているが、その建物を見ると当時の盛況ぶりと洋風文化の取り入れ方がよくわかる。

一方、大丸北西前の［森谷商店］は明治6年（1873）創業。当初は南京町にあって、「外国人のご用達ホテルやレストランに牛肉を納めていました。（当時は森谷精肉店という店名でした。）」と店のHPに書かれている。外国人の要望で農耕用の「牛を納めていた」業態から、数年で早くも「食肉店」が創業するまでに変わったことが覗《うかが》える。なお神戸に食肉処理場が開設されたのは明治2年（1869）。旧生田川下流の小野浜の「諸獣諸鳥取締会所」がそれだ。ただし開港したばかりの頃は、需要は少なかったとのことだ。

明治、大正、昭和、平成、令和と150年の肉食文化の激動を経て、「神戸ビーフ」は世界にそのうまさを知られるようになった。精肉店の2階にステーキやすき焼きのレストランを併設し、神戸、大阪のデパ地下にも売り場をもつ「大井肉店」。垂水や明石に支店を持ち、元町本店ではグラム4000円の極上のヒレ肉を売るその前で、揚げたてのコロッケを買おうとする客が列をつくる（1日に2000個を売るという）「本神戸肉森谷商店」。この2店の食肉店としての歴史は、まことにミナト神戸の精肉店らしい痕跡をみせる。

明治20年（1887）頃の建築と推測される［大井肉店］の建物。コリント式の柱が建てられた2階のベランダがアクセント。現在は愛知県犬山市の明治村に移されている（大井肉店提供）

［森谷商店］のHPにある、その「外国人ご用達ホテルやレストラン」のひとつが、いちはやく明治3年（1870）居留地79にオープンした［オリエンタルホテル］に違いない。［オリエンタルホテル］は、ほどなく世界的に名声を博し、以後の神戸の洋食のありようを決定づけたのであるが、これはこのあと詳しく見ていく。

その神戸の洋食店において、明治2年（1869）（明治10年という説もある）に開業した［外國亭］は、外国人居留地に住む外国人やそこに出入りしていた高官や役人に人気を博していた。外国人居留地は安政の五カ国条約によって開港と同時に開くとされた租借地で、東が生田川（現在のフラワーロード）、西が鯉川（同鯉川筋）、南北が西国街道から海岸までのエリアを指す。［外國亭］は居留地にほど近い北長狭通6丁目にあった。

明治15年（1882）に発行された『豪商神兵 湊の魁』は、神戸及び兵庫の有力企業・店舗・事業所および名所案内をイラスト（版

『豪商神兵　湊の魁』に描かれる欧風のテラスを持つ2階建ての大きな建築の［外國亭］。同じ頃、初代兵庫県知事の伊藤博文は北長狭通6丁目に住んでいたという

画）で表した興味深い印刷物であるが、「兵庫縣下神戸北長狭通六丁目　外國亭　西洋料理 洋酒 同 種物 同菓子」と記される版画には、洋館風の建物と人々、人力車に加え、陸蒸気が描かれている。

大阪―神戸間の鉄道が開通したのが明治7年（1874）。煙を噴きながら走る陸蒸気を見ながら西洋料理を食べ、洋酒を飲んだのかはわからないが、明治初期の文明開化のシンボルが洋食と陸蒸気だったことが伝わってくる。ちなみに「種物」というのは辞書によると「シロップや小豆などを入れた氷水」とあって、これもなかなか興味深い。

ただ神戸の場合は、慶応3年（1868）の開港を機に、どっと洋食が入ってきた頃には、文明開化の渦の中ですでに日本人が牛鍋を食べていた。

一番影響を及ぼしたのは明治天皇が肉を食したことで、明治4年（1871）の宮内庁編『明治天皇記』に「乃ち内膳司に令して牛羊の肉は平常これを供進せしめ」とあり、翌5年には肉食を公認する示達が出された。天武天皇以来1千年に近い肉食禁止令（牛・馬・犬・猿・鶏の5種で、日本においての狩猟の対象であった猪・鹿は除かれている）が解除され、明治維新＝文明開化のシンボルとしての肉食（とりわけ牛肉）が一気に広がった。

　ここ神戸においては元町6丁目の［関門月下亭］が、「牛鍋店」として明治2年（１８６９）開業。「関門」は「番所」のことであり、『豪商神兵 湊の魁』には「牛肉商・関門」「第一等飲食店」「黒牡丹」（牛の異名）と看板をあげたその建物や人々の様子とともに「兵庫縣下神戸宇治川東角」と所在地が書かれている。この［関門月下亭］は明治19年（１８８６）に焼失したとのこと。

　看板や掛行燈の表記を見比べると、洋酒やデザートも出す本格的なレストランだった［外國亭］と、牛肉料理専門店だった［月下亭］の違いがよくわかる。

　ちなみにその前にも牛肉を食べさせる店があった。安井裕二郎さんによる「元町食べ物史」（ＨＰ「元町マガジン」）によると、「明治元年（１８６８）に長州藩御用達商「鉄屋」が懇意の伊藤博文のアドバイスで、土間を改造した神戸で最初のスキヤキ屋を始めました。岩崎弥太郎や井上馨らも出入りした4丁目山側にあった店でしたが、客は少なく長続きしませんでした」とある。

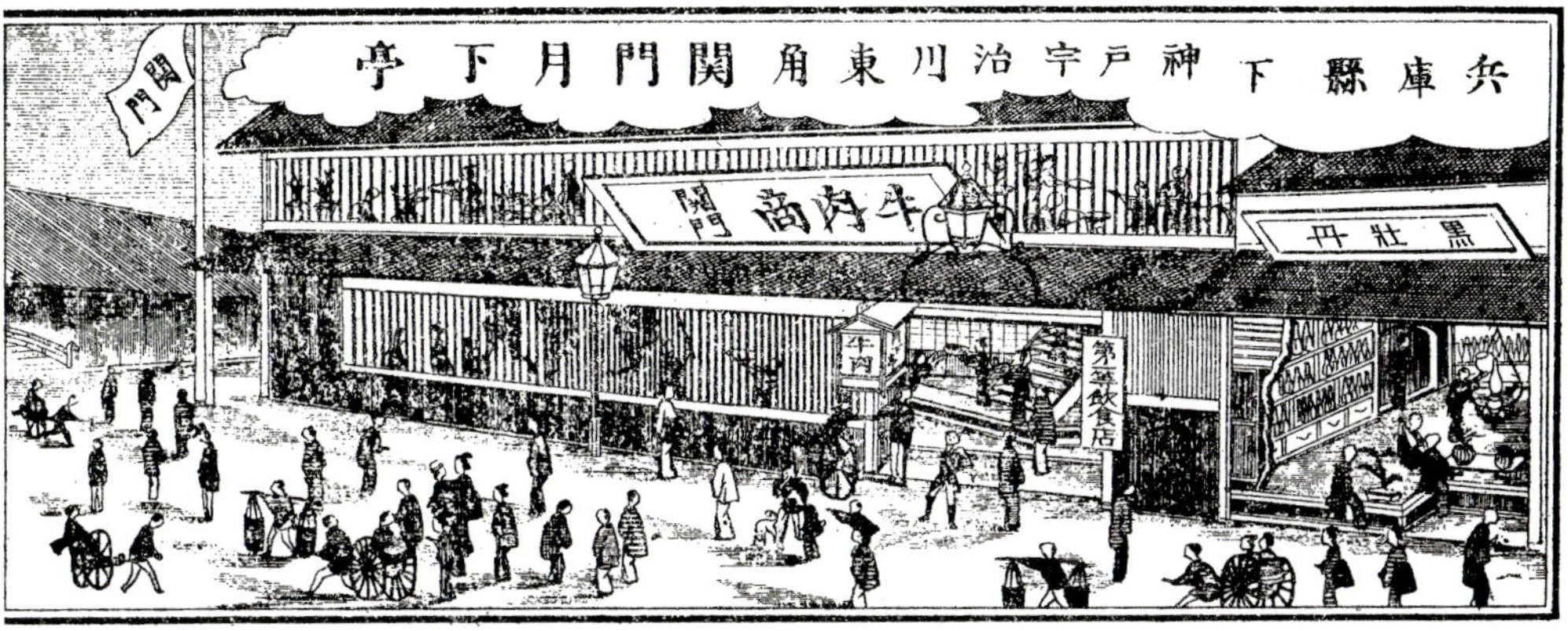

元町通西入口付近にあった［関門月下亭］。牛肉を「黒牡丹」と称していたのがわかる。店先の人びとの衣服や髪型などの様子もおもしろい。[関門月下亭]は明治19年（1886）に焼失している

京都・寺町三条の［三嶋亭］。現在の建物の外観もほぼそのまま。太平洋戦争で空襲を受けなかった京都ならではの老舗料理店の店構えだ（三嶋亭提供）

この牛鍋、すなわち上方においての「すき焼き」は、京都では初代三嶋兼吉が長崎で牛鍋を学んで帰り、明治6年（1873）寺町三条に開店した［三嶋亭］が知られる。現在の三嶋亭は場所とともに、欄干、天井、格子など内装のほとんどが明治の創業当時のままである。

大阪ではミナミ清水町の［北むら］が明治14年（1881）創業。「精《せい》仁《に》久《く》壽《す》喜《き》彌《や》奇《き》」の大暖簾で有名な、ミシュラン星付きの店だ。ルーツについて、以前取材時に四代目店主の北村太一さんに「関東の牛鍋ではなく、はじめから醤油と砂糖で焼いたすき焼きでした」とおうかがいしたのだが、次の話は面白い。

幕末安政の頃、心斎橋筋下村呉服店（現大丸松坂屋百貨店）の奉公人・北村歌吉が功を成し、店主から褒賞として女房用の呉服を頂くこととなるが、播州赤穂から駆け落ちして下村に雇われた夫婦は、着る身分ではないと辞退する。その代わりに二人は終業後の店先の軒下一軒を拝借したいと申し出る。これが許され、もともと風呂釜炊きで火を扱っていた二人は、牛肉の串焼きを焼いて売った。それが当時の心斎橋周辺の店の番頭、丁稚に評判良く大繁盛。独立して「牛肉すき焼き・北むら」の看板をあげた。真に幕末から明治初

大阪・ミナミ清水町に面した［北むら］の立派な町家建築。「精仁久壽喜彌奇」の大暖簾は、篆刻家だった二代目・北村春歩と親交のあった書家・津金雀仙（つかねかくせん）の作品を染め抜いたもの (北むら提供)

期の大阪最先端・ミナミ島之内らしい逸話である。

東京では明治6年(1873)頃から牛肉食の漸増がみられる。明治10年（1877）11月8日の『朝野新聞』には「府下の牛肉屋が恐ろしく多くなった」とあり、東京府下旧朱引《しゅびき》内六大区一一七七町のうちで四八八軒、旧朱引外五大区一六九町三七九村一一宿のうち六八軒をそれぞれ数えたとしている（『江戸の料理史』原田信男／中公文庫）。「旧朱引」とは幕府が地図に朱線で囲んで示した江戸市域のこと。

このように肉食は、明治初期の段階で大都市すなわち東京や大阪、京都、そして神戸や横浜といった開港地で一気に広がった。

［北むら］の正統上方流すき焼き。焼きながら、味付けしながら食べるという仕方

キプリングの神戸とオリエンタルホテル

神戸の外国人居留地にオープンした「オリエンタルホテル」のレストランは、日本の西洋料理の嚆矢《こうし》だろう。

慶応3年（1868）に神戸港が外国に開かれた戸口として開港し、外国人居留地が出来た。わたしが長い間やっていた『ミーツ・リージョナル』誌でも、ミナト神戸から次々と西洋の文物が取り入れられたこと、そしてその代表的なもののひとつとして洋食があり、その舞台が居留地の「オリエンタルホテル」だったことを何回も記事で扱った。

ちなみに2017年の1月1日は神戸開港150年だった。元町駅南には神戸市による大きな掲示板が立てられていた。公募によって決定されたロゴマークと一緒に「コーヒーも映画もはじめは港からやってきた」というコピーがおどっていた。

その居留地にいちはやく「日本最古級」と表現されるオリエンタルホテルが建ち、とりわけレストランが盛況だったという。

われわれ編集者やライターは、さまざまなメディアでオリエンタルホテルのことを「明治15年（1882）仏人ビゴによって創業」などと書いたものだが、その後、明治3年付けの『The Hiogo News』の新聞広告（増刊号1870年8月3日）が見つかって、遅くとも明治3年までに79番（京町筋）にオープンしていたことが確認された。

この時の経営は「ファン・デル・フリース&Co.」。表記でもわかるようにオランダ人だった。神戸開港以前、つまり鎖国時代は長崎の出島でオランダと清国のみ外交貿易を結んだ関係にあったので、明治維新以降日本においてのオランダ人の活動には一日の長があったという背景がここにある。

その The Hiogo News の広告には「ビリヤード・サロン　ボウリング・アレー」とある。そのような娯楽施設がホテルの目玉だったのを理解するとともに、ボウリングのピンは人が手で立てていたのだろうか、などと思う。

オリエンタルホテルはその後、オランダ人の手からフランス人の経営に代わる。日本の洋食の歴史に燦《さん》然《ぜん》と輝き、その後の日本のフランス料理〜洋食に大いなる影響を及ぼした「オリエンタルホテル」は、「日本の仏料理の父」と言われるフランス人のルイ・ベギューが、明治20年（1887）に社主となり、79番の南隣の80番を本館として開業した「オリエンタルホテル」である。

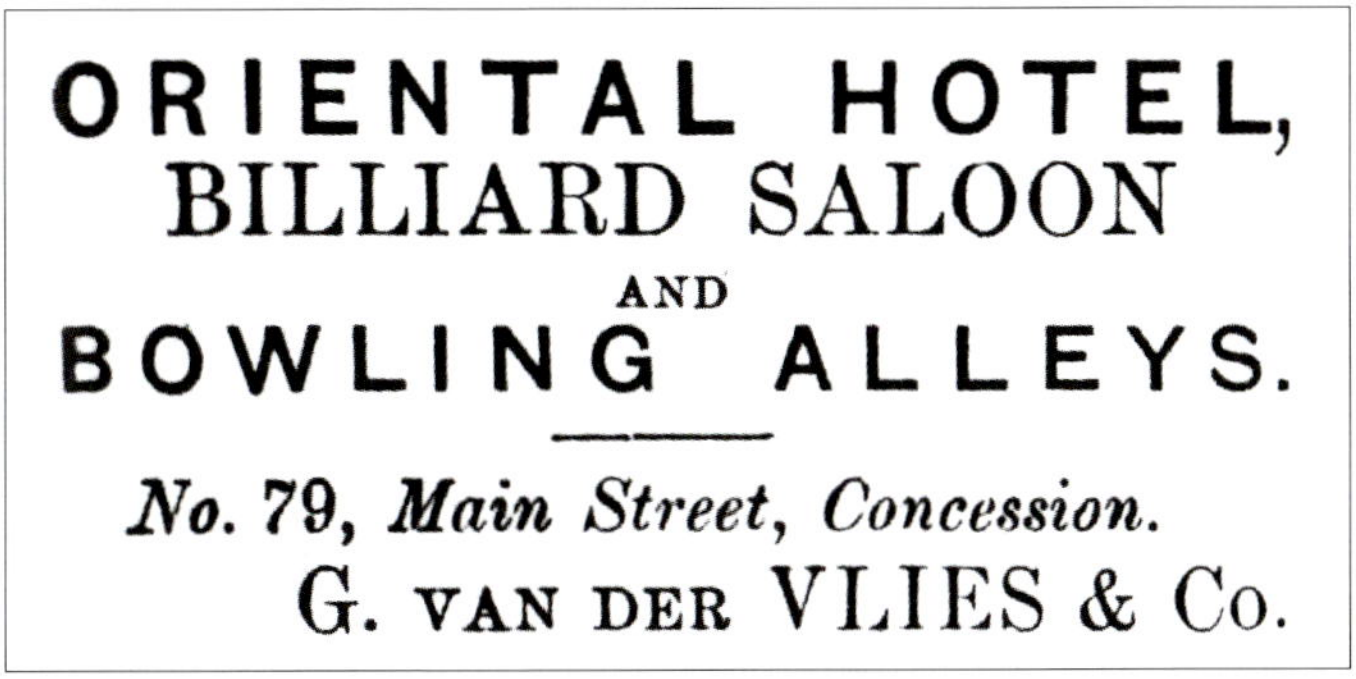
ORIENTAL HOTEL,
BILLIARD SALOON
AND
BOWLING ALLEYS.
No. 79, Main Street, Concession.
G. VAN DER VLIES & Co.

The Hiogo Newsの広告。1871年1月4日のもの。これと同じ初出が1870年8月3日の増刊号。79番メインストリート、Concessionすなわち租借居留地という表記がある
（Photo : Kobe City Museum/DNPartcom）

料理のうまさが外国人たちによく知られていた。とくに世界中を旅行していた英国のノーベル賞作家のラドヤード・キプリングが、明治22年（1889）に宿泊したときのことについて、とりわけ料理や日本人従業員のサービスについて、アジアに冠たる存在の3ホテルであるペナンの「(イースタン&) オリエンタル・ホテル」、シンガポールの「ラッフルズ・ホテル」、香港の「ヴィクトリア・ホテル」の「どれよりも良いのだ」などと絶賛している。(『キプリングの日本発見』加納孝代訳p96／中央公論新社)。

『キプリングの日本発見』は、1988年に日英研究者のヒュー・コータッツィとキプリング研究者のジョージ・ウエッブが編んだ大著（日本版535ページ）で、キプリングが1889年〜90年にインドのアラハバードの「パイオニア」紙に送った一連の「手紙」からなる旅行記が元になっている。この手紙仕立ての文章が10年後の1899年（明治32）にアメリカから刊行された『海から海へ』に収録され、そのなかの日本についてのテキストを中心に、約90年後『キプリングの日本発見』として編纂された。

「当代随一の知識人」キプリングの「力強いルポルタージュ」（同書p52）は、インドで親交を結んだ同じ英国人の大学教授「ヒル先生」とその夫人の同行で、香港から「P&O汽船会社」（英国大手の海運会社。アヘン戦争の兵隊や軍事物資の輸送で莫大な利益を上げた後、日本航路に進出）の「帆走もできる蒸気船」に乗って長崎に入り、瀬戸内海を通り抜けて神戸へ。大阪、京都を見た後、東海道線の汽車に乗って横浜へ来て、箱根、東京、日光を見物した紀行記だ。

とりわけ神戸については「第二信　瀬戸内海、神戸」「第三信　神戸」の2章に書かれ、約30ページのボリュームである。

P&O汽船で瀬戸内海の航行中に書かれた手紙には、瀬戸内の船旅が激しい潮流と島から島を通過する、いかにエキサイティングなものだったかを書いている。そのあとに続く「船は長崎で牡蠣を積み込んでいた」と始まり「では私はこれから食堂の牡蠣のもとへと急ぎます」で結ぶテキストには、

しかしもしも船のコックがあの牡蠣を生で殻付きのまま食卓に運んでこず、カレー煮などにでもしたら、この海の靄《もや》のなかに霞《かす》む断崖絶壁も、水に浸食された岩石の姿の面白さも、私の心を慰めてくれはしない。

と書いていて、この作家がいかに美食家であり、いかに船旅での食事がその時代の楽しみだったのかがわかる。また「カレー」がその当時にすでにポピュラーな西洋料理だったのも加えておこう。

そのすぐ後、「二日後。この便りは神戸発である。長崎から30時間かかって到着した」ではじまるテキストを読むと、居留地は出来たてのアメリカの街の趣で、まがいものの建物、灰色のイタリア風の広場、植えられたばかりのひょろひょろの苗木の名ばかりの街路樹…とボロクソだ。神戸外国人居留地が英字新聞『The Far East』で「東洋における居留地としてもっともよく設計されている」と評されたのは1871年。キプリングが来神する17年前であり、この居留地を設計したのは、彼と同じ英国・リバプール生まれの土木技師、J・W・ハートである。

この居留地のことを「私はヒル先生の腕の中で気絶寸前だった」とまで酷評している。

神戸外国人居留地計画図。1870(明治3年)。右下にJ.W.ハートのサインの写がある。イギリス人の土木技師・ハートは、居留地行事局顧問技師として、護岸堤防、海岸の埋め立て、下水道の設計など居留地の計画と施工監督に携わった(神戸市立中央図書館蔵)

明治末期のメリケン波止場。背後に六甲山が見える。右端の建物は海岸通に移転したオリエンタルホテル

「神戸は外見はおぞましいばかりにアメリカ風だ。アメリカを写真でしか見たことのない私だが、すぐわかる。山が近くまでせまっているのは長崎と同じだが、みな禿げ山で、非常に辺鄙の地という感じなのだ」という後半のテキストは、植物学者の牧野富太郎の自叙伝でも同様だ。明治14年（1881）の牧野は高知から東京へ行く経路で初めて汽船に乗って神戸に着く。その神戸についてただ1行だけ、

「神戸の山々が禿山なのを見て最初雪が積っているのかと思った。土佐の山には禿山はないからである」と書いている。事実その通りで、国土交通省の六甲砂防事務所のHPには、

江戸～明治時代の六甲山系は、南斜面のアカマツ林と大龍寺、天上寺付近の林をのぞいて、山頂までほとんど草木のない山でした。

このように六甲山系が草木のない山になったのは、当時の農民が燃料や肥料に利用するため、山の斜面から山頂に広がる村の共有地に入ってマツなどの樹木や落ち葉、下草をとり、さらには夜なべ仕事の灯りに必要な油となるマツの根までとりつくしてし

まった結果だと考えられています。

とある。その花崗岩むき出しの禿げ山の六甲山に植林がはじまったのは明治35年（１９０２）のことだ。

このキプリングの酷い神戸のファーストインプレッションはあながち誇張ではないと見てよい。でないとその後にすぐ続く、「しかしこれ以上悪口を重ねる前に、オリエンタル・ホテルのオーナー、素晴らしいベグー氏に賛歌を捧げておこう。ベグー氏に平安あれ」（p95）からはじまる［オリエンタルホテル］とその料理への賛辞が霞んでしまう。

キプリングはこう書く。

彼のホテルでは本物の料理が食べられる。ただ食べさせれば良いというような姿勢では断じてない。彼の出すコーヒーは、美しの国フランスの正真正銘のコーヒーだし、お茶の時間にはペリティのケーキが出てくるし（しかもこちらのほうが美味い）、定食についてくるテーブルワインの味の良さよ！　ベグー氏とベグー夫妻に万歳！　もしも「パイオニア」紙上で宣伝することが許されるなら、ベグーさん、私はあなたのポテトサラダ、あなたのビーフステーキ、あなたの魚フライ、それからあなたが見事に訓練した、細身の青いズボンをはいた大勢の日本

なんだか古代遺跡のように見える植林工事が始まった頃の六甲山（神戸アーカイブ写真館提供）

明治中期、京町80番時代のオリエンタルホテル。右端の81番の2階はホテルの別館だった（神戸市文書館提供）

人給仕たち——ビロードの上着を着せればやや小柄なハムレットに見えるほどハンサムで、客の心の中の望みを即座にかなえてくれる——をほめたたえるトップ記事を書きますよ。いや、詩を書こう。「満ち足りた生活のバラッド」という詩を。

わたしは長く街のグルメ系の記事を編集して扱ってきたが、このような天衣無縫のベタほめ記事は読んだことがない。

さてキプリングは、神戸では芝居小屋で歌舞伎「化猫」を見て、「一番有名な寺」を訪問して日本の宗教施設としての寺院のありとあらゆるディテールに感激し、偶然葬列に遭遇する。

「その夜、神戸オリエンタル・ホテルでは、文句なしに素晴らしいポテトサラダと、マレンゴ風鶏料理が出て、私たちはその料理を堪能した。それは寺見物と葬式見物でへとへとになった私たちを慰めてくれた」という結びが「第三信　神戸」である。

さてその「神戸オリエンタル・ホテルのオーナー」ベグー氏＝ルイ・ベギューについての日本での偉大でユニークすぎる足跡を次章から見ていくことにしよう。

ルイ・ベギューのオリエンタルホテル黎明期から大正まで

ルイ・ベギュー（Loise Beguex）については、まとまった資料も写真もない。

日本で最初のホテル［横浜ホテル］は、安政6年（1859）に開港した横浜の外国人居留地に、オランダ人フフナーゲル（Huffnagel）が翌年の万延元年（1860）に開業。慶応元年（1865）のジャパンタイムズの英文広告には「撞球とボウリングの大広間」とコピーが踊っている（『ヨコハマ洋食文化事始め』草間俊郎／雄山閣出版）。従業員も客も皆、外国人だったこのホテルで料理人をしていたのがベギューだと書く人もいれば、ベギューは同じ横浜でフランス人経営の［オテル・デ・コロニー］に関係したとの文献もある。

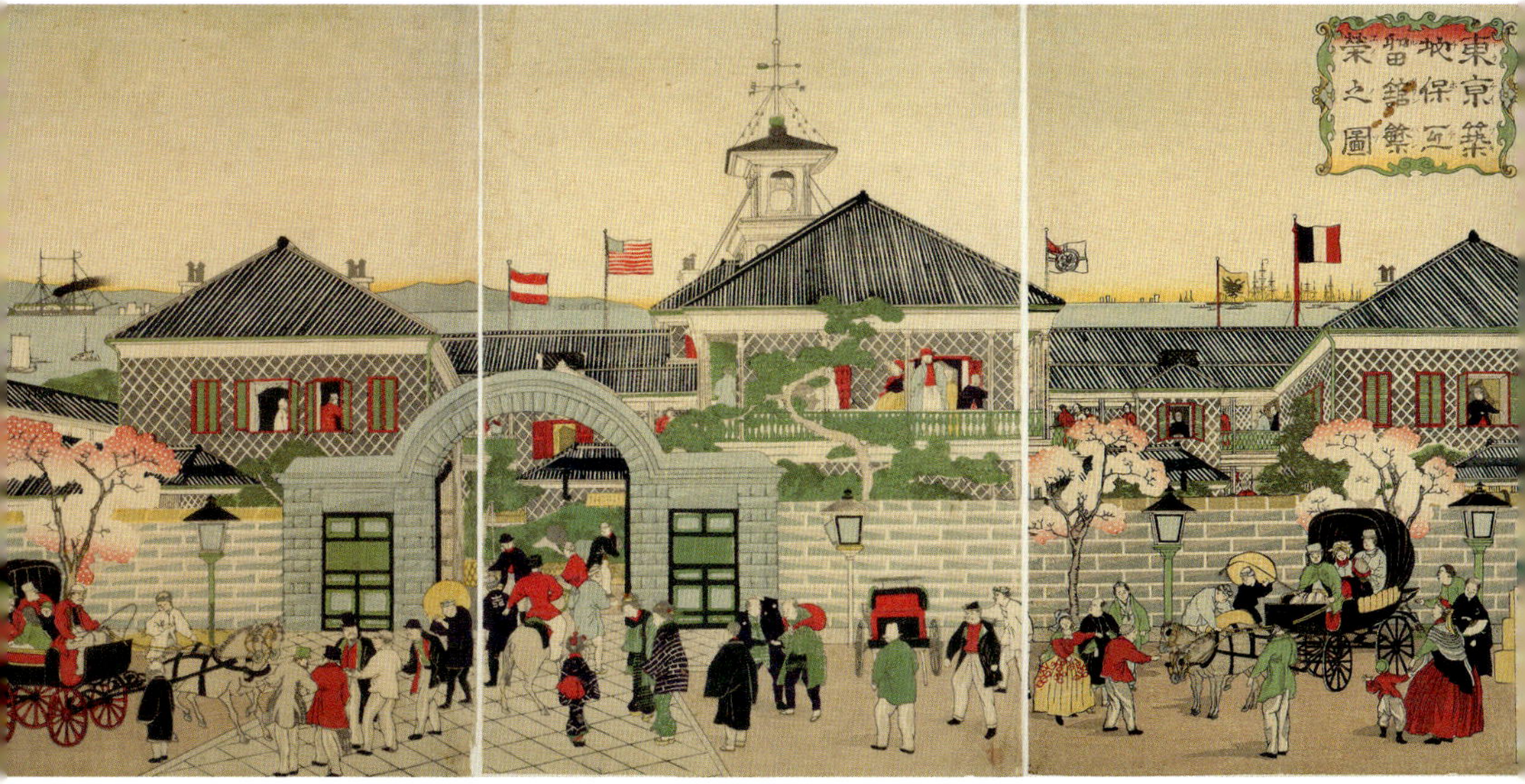

日本最初の西洋式ホテル［築地ホテル館］を描いた錦絵（一曜斎国輝『東京築地保弖留館繁栄之図』大黒屋平吉［明治元年〈1868〉］　国立国会図書館デジタルコレクションより）

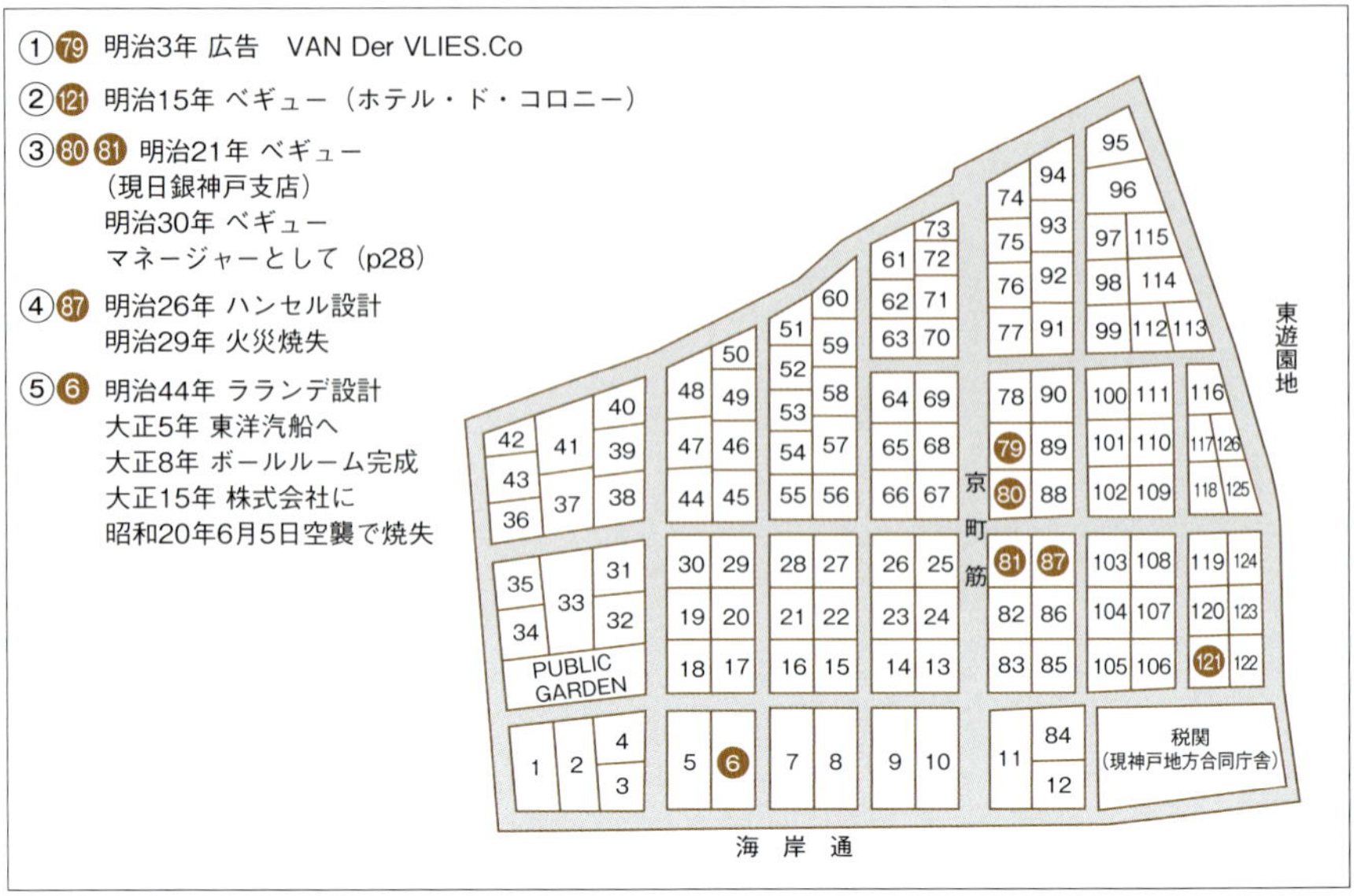

オリエンタルホテルの変遷

明治元年（1868）に、東京開市で置かれた築地の外国人居留地に開業した日本最初の西洋式ホテル「築地ホテル館」で初代料理長を務めていたのは確かで、明治新政府が威信をかけて造ったこのホテルのレストランでは、明治4年（1871）11月に開かれた在日外国人高官を集めた宮中晩餐会「天長節奉祝晩餐会」の料理も手がけている。

「築地ホテル館」は5年の銀座大火で焼失するが、ベギューは日本にとどまる。翌年、横浜の外国人居留地に建てられた日本最大のホテル「横浜グランドホテル」の初代料理長を務める。そして明治20年（1887）に神戸に移り「オリエンタルホテル」の社主となった。すでにその数年前に来神し、居留地121番で仏レストラン「ホテル・ド・コロニー」、続いて122番「レストラン・フランセ」を開業し、これを「歴史的な名店」だとする記録（『オリエンタル・ホテル三十年の歩み』）もある。この時代、ここまで日本を股に掛ける外国人の料理人はいない。

日本における「フランス料理の父」と称されるベギューは、神戸では「オリエンタルホテル」を東洋を代表するホテルに育て、前述のようにキプリング

海岸通に移転したオリエンタルホテル。ゲオルグ・デ・ラランデが設計した（石戸コレクション）

をして「ベギュー氏とベギュー夫人万歳！（Excellent Monsieur and Madame Beguex!）」と言わしめた。

ちなみにベギューが「オリエンタルホテル」を手がけるようになった3年後の明治23年（1890）には、日比谷に「日本の迎賓館」としての「帝国ホテル」がオープンするが、開業にあたり鹿鳴館から初代料理長として迎えられた吉川兼吉は、鹿鳴館の前に「横浜グランドホテル」でベギューの下で料理を学んでいる。

オリエンタルホテルは明治32年（1899）に居留地が日本へ返還されてからも、大正5年（1916）に東洋汽船が買収するまで外国人所有であり、オランダ系、フランス系、英国系と変わり、所在地ももちろん建物もその都度変わってきたから、詳しく書かれた資料も少なく（写真は多いが）いささかややこしい。

土居晴夫さんの『神戸居留地史話』、田井玲子さんの『外国人居留地と神戸』などからざっと見てみる。

ベギューが帰国した後、明治26年（1893）に英国人アーサー・グルームらが経営し、アレクサンダー・ネルソン・ハンセル設計の別館をすぐ近くの87番に建てる。2、3階に各18室、バーとビリヤードもあった。盛況のホテル別館は明治38年（1905）に焼失。今

大正5年に浅野総一郎が買収し、改装された後のホテル外観

海岸通時代のロビー

度は隣の81番の2階を借りた。

グルームらは明治40年（1907）6番（海岸通）を手に入れ、移転新築。懸賞公募によって「風見鶏の館」を設計したばかりのドイツ人、ゲオルグ・デ・ランデが設計した。600坪に地下1階、地上4階、100室以上の客室を有しオーチスエレベーターが設置された。

大正5年（1916）東洋汽船・浅野総一郎が買収、改装した。このとき外国人が興し軌道に乗せたホテルが、初めて邦人経営へ移った。

この海岸通の「オリエンタルホテル」が本当の黄金

時代を迎えるのは、第一次世界大戦が勃発した後の好景気に乗って、神戸を舞台に造船業、海運業で大儲けした「船成金」が幅を利かせていた時代。神戸の総合商社・鈴木商店が、大正7年（1918）の米騒動で焼き討ちにあう前年、三井三菱を凌ぎ日本のGNPの1割を売り上げた頃だ。

京都・大阪・東京に約10店舗ある日本屈指の老舗バー［サンボア］の本店も、同じ大正7年に花隈の入り口にあたる北長狭通6丁目に開店している。創業者は岡西繁一。その下で働いていた大阪の［堂島サンボア］の創始者の鍵澤正男氏は、10歳で金沢から神戸に出てきて在神外国人のスポーツ・グラウンドであった東遊園地のクラブハウスを手伝っていた。

古い雑誌のインタビューで鍵澤氏は、11か12歳の時に神戸の東遊園地のクラブハウスで、ラグビーやホッケー、クリケットの世話をしている人にアルバイトに誘われて、クラブハウスでパンを焼くのを手伝った、と話している。

このクラブハウスは開港の翌年にドイツ人が設立し、のちにイギリス系クラブとなる「クラブ・ユニオン」を前身とする「コーベ・クラブ」と見られる。明治23

イギリス人建築家ハンセルが設計したコーベ・クラブ。［堂島サンボア］の創始者鍵澤正男氏が働いていたクラブハウスだろう（神戸市文書館提供）

ハイボール3杯分を一度につくっている［堂島サンボア］三代目の鍵澤秀都さん。バックバーは外国客船に使われていたものを使っていると聞く

名物の氷が入らない［堂島サンボア］のハイボール。「薄くならないように」という説もあるが、その時代の氷の状況を考えると違うと思う

年（1890）竣工の建物は、同志社大学や居留地では先ほどの87番の「オリエンタルホテル」はじめ香港上海銀行やチャータード銀行など数多く設計したハンセルの手によるもので、レンガ造りの大層立派なものだった（太平洋戦争の空襲で焼失）。

その後は、鍵澤氏は「鳴尾ゴルフ倶楽部」などで外国人相手にバーテンダーをして腕を磨いた。英字でサインすることから外国人の客の名前までほとんど知っていたという。鳴尾ゴルフ倶楽部は、アーサー・グルームが明治36年（1903）六甲山に開いた日本初のゴルフクラブ［神戸ゴルフ倶楽部］が冬期雪に閉ざされプレーできないのを補うように武庫川の河口につくられたゴルフクラブだ。

新聞にも報道されたが、サンボアは2018年に100周年を迎えた。現在サンボアの筆頭存在である［堂島サンボア］は孫の鍵澤秀都さんが当主だが、1955年に改装した重厚なバックバーは、客船のバックバーを神戸から持ってきてそのまま移築したものだ。その時代はレストランのみならずバーの世界においても、ホテルと外国航路の客船、とりわけ神戸か横浜が発祥となっていることが多い。

このバーの名物ハイボールは、タンブラーに氷を入れない。またステアはしない。まずタンブラーに冷蔵庫でキンキンに冷やしたウイスキーを入れ、そこに同じく冷やしたウヰルキンソン炭酸水1本分190ccを一気に注いでその渦でウイスキーをかき混ぜるようにしてつくる。

電気冷蔵庫なんてない時代だ。上段に氷、下段に食材を入れる氷式冷蔵庫（箱）ができたのが大正初期。神戸では外国人たちが氷をつくるために六甲山に池を掘り（大小30余りあった）、冬の間に出来た氷を氷室に貯蔵し、夏に市街地に運ぶ、あるいは関西最大手の「龍紋氷室」のように北海道から船で神戸に輸送するといった貴重品だった。なので日本人には主に熱冷ましなど医療用に使われているだけだった。

しかし花隈の「サンボア」では、氷で冷やしたスコッチと「ウヰルキンソン・タンサン」でハイボールを飲んでいた。大正7年（1918）はNHK朝の連続テレビ小説『マッサン』のモデルとなった、国産ウイスキー生みの親・竹鶴政孝が、やっと単身スコットランドへ留学したのと同じ年だ。スコッチ・ウイスキーなど、一般のホワイトカラーにとっては高嶺の花。酒

冬に凍る六甲山中の池。小学生が雪合戦をしている

宝塚のウヰルキンソン工場。手前で帽子をかぶっている洋服姿がジョン・クリフォード・ウイルキンソンその人（鈴木博さん提供）

において も贅沢《ぜいたく》な外国文化を享受していたのが神戸であり、谷崎潤一郎が命名したという「サンボア」は、外国人やごく限られた階層の社交場だったことは間違いない。

「サンボア」のハイボールで使われてきた「ウヰルキンソン・タンサン」は、明治22年（1889）頃、在神英国人ジョン・クリフォード・ウイルキンソンが狩猟に行った宝塚の山中で天然の鉱泉水を見つけ、それを瓶詰めして量産したのが始まり。

鉱泉水をすぐに本国に送り分析したところ、飲料用にも良質で、イギリスから最新の機器を取り寄せ、翌年には「仁王印ウォーター」として市販している。東南アジア各地で長い間「水に困っていた」英国人ならではのフットワークだ。その15年後には居留地82番に「ザ・クリフォード・ウヰルキンソン・タンサン・ミネラル・ウォーター有限会社」を設立、新工場を生瀬（現在の西宮市塩瀬町）に建て、香港を本社にして海外にも輸出するようになった。

わたしは80年代初めに、神戸朝日会館地下にあった「神戸ハイボール」によく行ったが、この店も「サンボア」系列のバーテンダーがやっていた店だ。グラスには氷を入れず冷やした炭酸水を注ぐ同様のハイボールで、そのグラスまで［サンボア］と同じものだったと、400円という値段とともに記憶する。

面白いことに平成6年（1994）大阪キタに新谷尚人さんが独立して開店した［北新地サンボア］のバックバーは、この［神戸ハイボール］のそれを受け継いでいる。

ちなみにバカルディ・ジャパンがデュワーズの販促キャンペーンで、氷を入れないソーダ割りを「コウベハイボール」と称してPRしているが、大元はこの店とそのルーツとなる神戸花隈の［サンボア］である。

シンプルきわまりないKOBE HIGHBALLのマッチ箱

[堂島サンボア]に保存されている創業当時のマッチ。モダンな書体で神戸市北長狭通六丁目とある

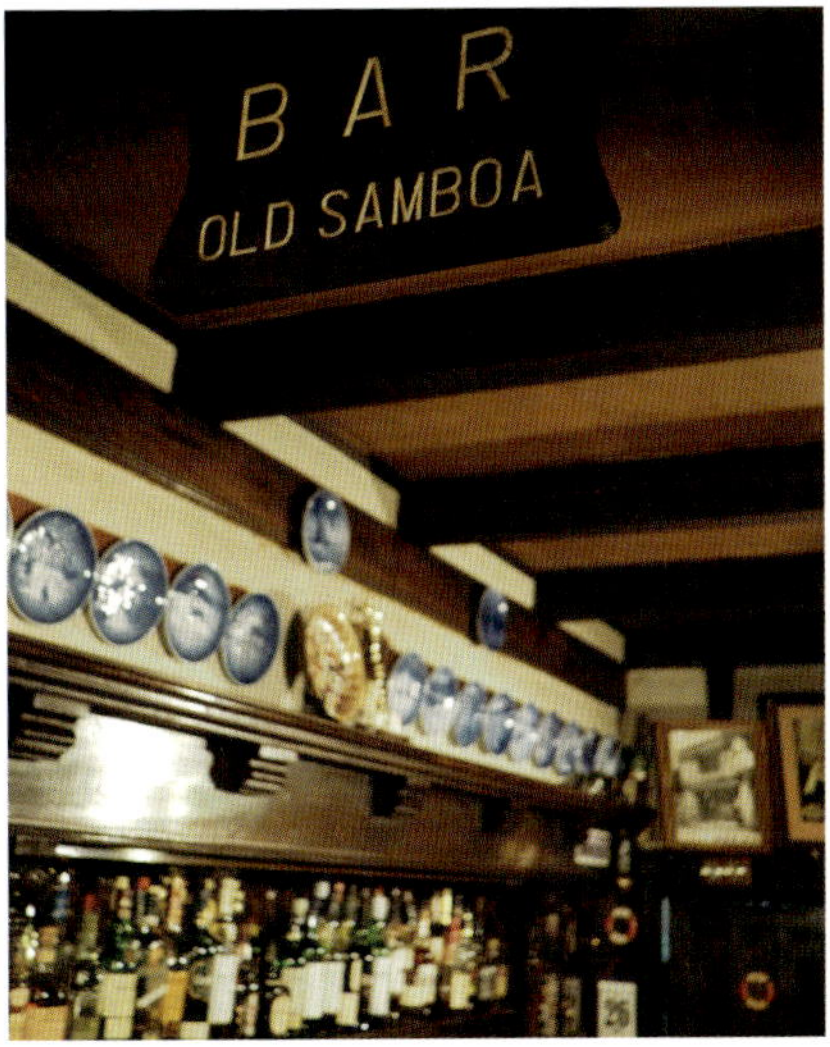

店名は谷崎潤一郎が命名したという説、北原白秋が編集していた文芸誌「ZAMBOA」を拝借したのだが、看板屋が間違えてZをSにしてしまったという説がある

オリエンタルホテルの料理とカレーについて

話は逸れた。「オリエンタルホテル」の料理に戻す。神奈川県立歴史博物館蔵の１８９７年（明治30）11月10日のメニューがある。それには「L.ベギュー、マネージャー」とあり、

ティフィン（昼食）
オードブル
1　フライド・ソール（舌ヒラメのムニエル）
2　ナバラン・オブ・マトン（羊の煮込み）
3　カルヴェス・ヘッド・ソース・ラヴィゴット
（仔牛の脳髄ラビゴットソース）
4　ビーフステーキ
5　ヴィール・カリー（仔牛肉のカレー）…

とリストアップされている。注目すべきは「仔牛肉カレー」である。

キプリングのテキストにもあったが「カレー」はこの時代にポピュラーな料理で、また「オリエンタルホテル」の名物料理だったのがうかがえる。

明治33年（１９００）にオリエンタルの料理部に入り、のちに全日本司厨士協会の重鎮となる山口勇治氏の回想が『外国人居留地と神戸―神戸開港１５０年によせて』（田井玲子　神戸新聞総合出版センター）に紹介されている。

当時ホテルの支配人はアダム、料理長は仏人ジソー、

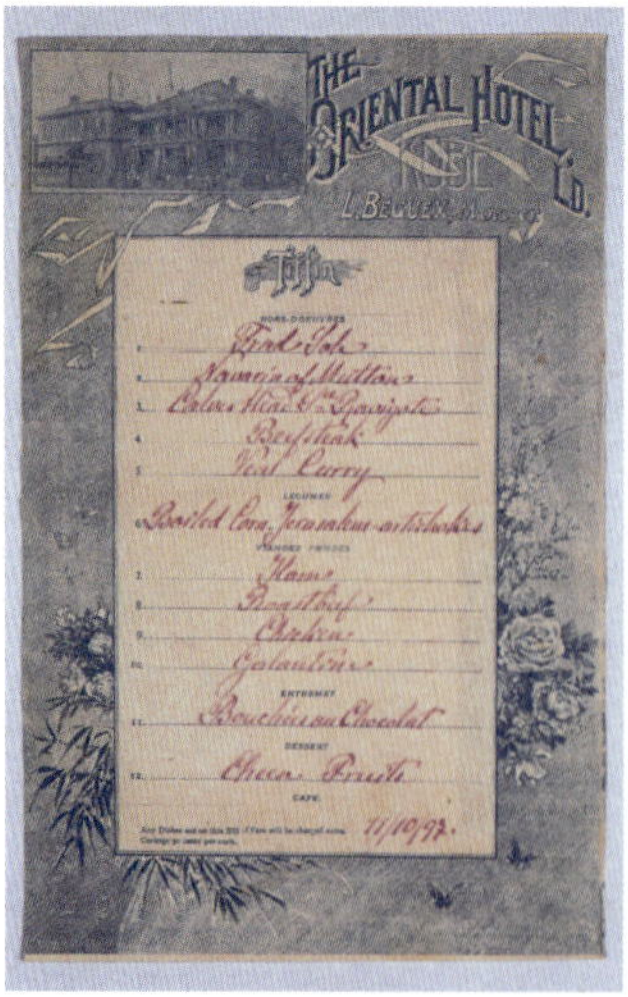

オリエンタルホテルのメニュー。11/10/97.とあるので、1897＝明治30年、11月10日のものだとわかる（神奈川県立歴史博物館所蔵）

司厨長は中国人アタン、カレーの係はインド人デビス、菓子の係は米人と英国人、日本人で一番上位は明谷寅之助（のちにジソーに代わって料理長になる）。

ものすごい国際的フュージョンぶりだ。カレーの係がいてインド人が担当しているのも興味深い。

カレーは最も古くから日本人に親しまれてきた西洋料理だ。『幻の黒船カレーを追え』（小学館）で著者の水野仁輔さんが第1章のタイトルに「祖父はインド、父はイギリス」と書いているとおり、インドで生まれて常食になったカレーを英国に持ち帰ったものだ、というのが通説だ。

東インド会社の書記として赴任したヘイスティングズが初代ベンガル総督に就任したのが1773年。インドからガラムマサラなどカレーのスパイスを持ち帰り、それをいち早くイギリス人向けに調合アレンジしてカレー粉を作ったのが有名な「C&B（クロス・アンド・ブラックウェル社）カレー・パウダー」だ。

このカレー粉は市販されるや大評判になって、ヴィクトリア女王にも献上された。C&Bの世界初のカレー粉は世界を席巻し、日本では開港と文明開化のタイミングに合わせて広がり、もっともポピュラーな洋食アイテムになった。

明治初期に刊行された『西洋料理指南』や『西洋料理通』には、すでにカレーのレシピが詳しく記されている。小菅桂子さんの『カレーライスの誕生』（講談社学術文庫）によると、この2冊に書かれているC&Bのカレー粉と小麦粉を使ってとろみを出す調理法は、英国の料理本の影響が感じられるとしている。インド本国のさらりとした液体状のカレーではなく、この英国式のカレーが日本で定着したとのことだ。なるほどこの説は、イギリス海軍を模範とした旧日本帝国海軍のカレーから市井に伝播されたという説よりもストライクゾーンが広くて説得力があるようだ。

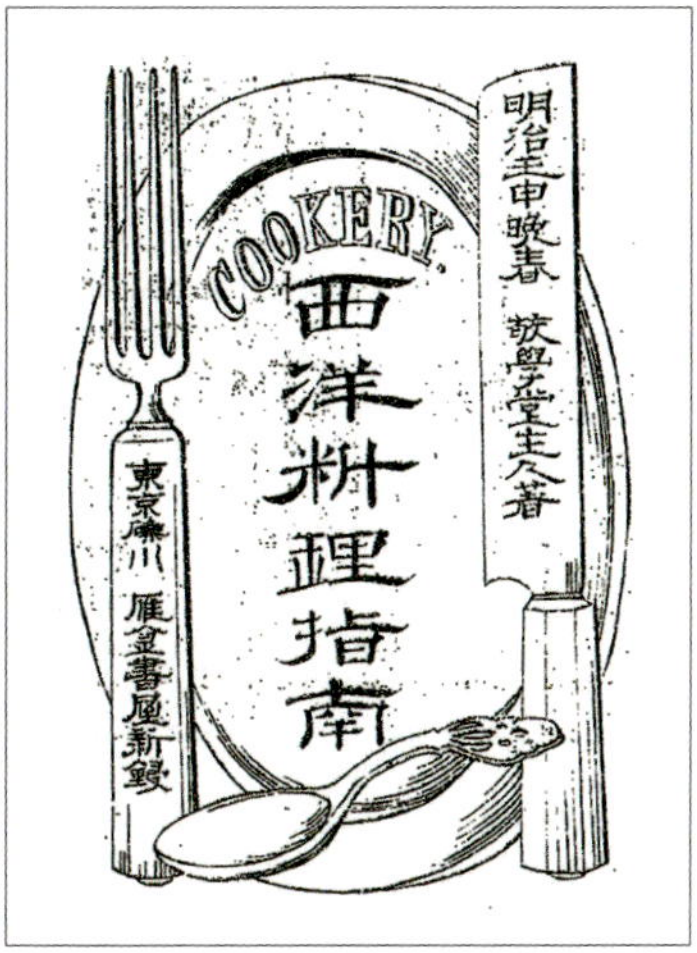

明治5年（1872）敬学堂主人著『西洋料理指南』。西洋料理は文明開化のシンボルのひとつで、健康増進・体格向上のために取り入れようとする啓蒙的なところが目立つ（国立国会図書館デジタルコレクションより）

新聞記者であり戯作者であった仮名垣魯文が書いたとされている『西洋料理通』。『西洋料理指南』とともに「カレーの製法」を記述しているが、どちらも「小麦粉を使う」イギリス伝来のカレーである（国立国会図書館デジタルコレクションより）

さて「オリエンタルホテル」のカレーを見てみよう。

２００１年のことだ。オリエンタルホテル名誉総料理長の石阪勇氏が地元神戸の食品会社のカレーを監修し商品化した際に「旧オリエンタルホテルの１００年前のレシピを再現したカレー」として新聞や雑誌をはじめとするメディアのニュースになった。

「１００年カレー」として再現したそのレシピはあきらかに１００年前のオリエンタルホテルから伝承されたものだが、ホテル自体が１９９５年の阪神・淡路大震災で全壊、廃業したこともあって、厨房で直に料理を受け継いだコック達も非常に少なくなった。

この廃業した「オリエンタルホテル」は、かつては海岸通沿いの居留地６番にあった。「東洋にオリエンタルホテルあり」と評され、ひいては谷崎潤一郎の『細雪』にしばしば登場する。それが、昭和20年（１９４５）６月５日の神戸大空襲の爆撃で焼失したのち、３年後にレストランと宴会場のみ復旧（さすがに料理のホテルだ）。その後、北側に新館を増築するなど紆余曲折を経て、昭和39年（１９６４）に京町25番に新築全面移転した。

元町山手の県庁前近くに「帝武陣《てむじん》」というレストランが２０１６年まであった。１９６２年から先述の「１００年カレー」を復刻した石阪シェフの下でコックを務めた山田美津弘さんが、料理長も経験するなど20年間腕を奮ったあと、83年に独立して開いた店だ。戦中生まれの山田シェフは、64年に京町に移転する前の海岸通６番にあったホテルの旧いレストランで働いた、数少ない叩き上げの料理人である。まだ石炭ストーブがあってそれを日常に使っていたという。わたしは山田シェフの「西洋料理店」には、20年来よく食べに行っていたのだが、かれが引き継ぐ「旧オリエンタルホテル式のカレー」は、先ほどの日本のカレーライスのルーツといわれる英国式を真似たものではなかったのではないか、と思うに至っている。

まず黎明期にフランス人ベギューが明治20年代に世界的な名声を博したこのホテルの料理を確立したこと、その弟子筋でずっとフランス人の下で働いていた鈴木敏雄が5代目料理長を務めたことが浮かんでくる。

鈴木は「オリエンタルホテル」の料理長から、西尾益吉の後を継ぐかたちで「築地精養軒」5代目料理長に迎えられている。明治5年（1872）「ホテル築地精養軒」としてオープンした「築地精養軒」は、日本人経営の最初の本格的な西洋料理のレストランだ。社主は北村重威で、岩倉具視の支援を受けて外国要人をも

2016年に引退した山田美津弘シェフ（19年9月逝去）。渡邉鎌吉を顕彰する日本最初の西洋料理人会「八重洲会」のメンバーだった。渡邉は鹿鳴館の料理長を務め「日本人で最初の仏料理人」と称される。15年10月撮影

これが「ダブルオニオン」と称される特製帝武陣カレー。1,700円で海老フライ、ビフカツ、コロッケ、フィレビーフ、ハンバーグ、ポークカツ6種類あった

てなすレストランとして開業、明治政府要人の社交場として押しも押されもせぬ存在になる。

加えて明治9年に開設されたばかりの上野公園に［上野精養軒］を出す。［築地精養軒］は関東大震災で焼失、［上野精養軒］に本店を移すのだが、明治以降日本のフランス〜西洋料理界に錚々たる料理人を輩出したこの精養軒の流れこそが、日本西洋料理界の本流である。

［オリエンタルホテル］から迎えられた鈴木の先代料理長であった西尾は［築地精養軒］に入った後、日本人料理人としてはいち早く渡仏し、パリの［リッツホテル］で修業をする機会を得た。当時リッツには近代フランス料理を体系づけた大著『料理の手引き（Le Guide Culinaire）』を書いたオーギュスト・エスコフィエが活躍していた。エスコフィエ直伝の仏料理が西尾によって精養軒＝日本にもたらされたのだ。

西尾を継いだ鈴木は「名人」と呼ばれ、西尾と共に精養軒の全盛時代を築く。また大正9年（1920）にエスコフィエの本に準じた料理人向けの解説書『仏蘭西料理献立書及調理法解説』を著している。

「天皇の料理番」秋山徳蔵は、西尾がエスコフィエ

鈴木敏雄が料理長を務めた当時の築地精養軒（国立国会図書館デジタルコレクションより）

に師事して帰国後、［築地精養軒］の料理長だった時代にその下で働いている。西尾のレシピを盗もうと部屋に入り、それを書写したのがバレて、解雇寸前になったという逸話はよく知られている。秋山もその後、西尾に倣ってリッツに修業に出た。秋山は鈴本の腕を認めていて、二人は親友だったとのことだ。

日本において西洋各国料理の混交といわれている「洋食」の起源の大きな流れがフランス料理であり、その黎明である明治期、［オリエンタルホテル］と［精養軒］によってつくられてきたのだ。そしてその料理は、何流何重にもフランス料理に直に影響を受けている。

灘区の神戸高校前にある［神戸精養軒本店］は、［上野精養軒］で修業した井上康司さんが1972年に開いた豪華な大型レストランだ。康司さんは昭和16年（1941）東京・浅草に生まれて育った。いち早く神戸に来て外食事業に携わっていた姉の井上弥枝子さんに呼ばれてやってきた。

70年代の神戸は「裕次郎のミナト映画を観てイメージしていましたが全然違っていました。三宮っていっても小さいし、このあたりは何にもなかった」。94年

［神戸精養軒本店］。阪急王子公園が最寄り駅になるが、実際はクルマで行くしかないロケーションにある。六甲山麓ならではなレストラン

に「ジャン・ムーラン」の美木剛シェフ、「コム・シノワ」荘司索シェフらと神戸フランス料理研究会を立ち上げた。いまや神戸の仏料理界の重鎮であり、「ひょうごの匠」に認定された康司さんの料理は、まぎれもないフランス料理であるが、ヌーベルキュイジーヌ以降のフランス料理ではない。「上野精養軒は伝統的にエスコフィエをしっかり受け継いでいます」とのことである。したがってこの店の料理の精髄は、10日間の手間をかけたデミグラスソースで、それを使ったビーフシチューやステーキだ。

また神戸一中（現兵庫県立神戸高校）出身の聖路加国際病院院長の日野原重明さんが、神戸に帰るたびに来店して「絶品だ」と食べたカレーは、風味もたっぷりの玉ネギを使う調理法も驚くほど旧オリエンタルホテルのカレーに似ている。どちらもルイ・ベギュー、鈴本敏雄の仏料理の系譜と見るのが妥当だ。

とまれ「オリエンタルホテル」のカレーは、旧オリエンタル出身のコック達のうちでは「ダブルオニオンカレー」と呼ばれている。

その特徴は玉ネギの使い方だ。1日30食分のカレーをつくるのに、ブイヨンに普通の玉ネギのみじん切りのソテー2kgに加え、スライスして揚げたフライドオニオンを乾燥させてナイフでパウダー状にしたもの2kgを使う。

2種類に下ごしらえした玉ネギを使うから「ダブルオニオンカレー」なのだ。玉ネギ2kgは中玉ネギ約10個分だからすごい量を使っている。

『幻の黒船カレーを追え』に、2007年8月5日の神戸新聞記事が紹介されている。

「旧オリエンタルは経営主体が転々とし、震災後に歴史の幕を閉じた。料理もいったんは途絶えたが、昨年、神戸メリケンパークオリエンタルホテルで、カレーなど昔のメニューがよみがえった。（後略）」というものだ。

この記事を読んだカレー研究家の著者は、新幹線に乗って「メリケンパークオリエンタルホテル」に食べに行く。同ホテルのプレスリリースの「カレーのこだわりポイント」も読んだりするが、「明治につながる手がかりははっきりとつかめなかった」。

そりゃそうだ。日本のカレーについて、この「明治につながる手がかり」は「祖父はインド、父はイギリス」と措定している限り当然だ。

玉ネギ＝神戸物語

旧オリエンタルホテルの系譜を引く洋食店は、元町山手の「グリル白樺」、JR三ノ宮駅山側の「クックナカタ」そして「帝武陣」があったがいずれも閉店した。現在、「旧オリエンタルホテルの出身のシェフ達が作る」と謳う西元町の「Sion」、三宮神社そばの「L'Ami」、阪神御影駅前の「瑠美」ほかがある。

そのオリエンタルホテル流の洋食は、先に見た「ダブルオニオン」によるカレーをはじめとして玉ネギの使い方に特徴がある。ブイヨンに加える野菜の要となる玉ネギの歴史は、とりわけ日本では浅く明治初期からだ。原産地はイラン、パキスタンと推定される玉ネギ、正確には１６３０年頃に長崎での栽培記録はあるが、当時のものは根付かなかった。

日本で玉ネギが広まったルートは二つある。一つは「少年よ、大志を抱け」のあのクラーク博士がいた北海道の札幌農学校がアメリカから種子を手に入れて育てたもの。もう一つは明治12年（１８７９）に堺県（のちの大阪府）の農業勧業委員だった坂口平三郎が、神戸の居留地でアメリカ人から入手したものだ。

神戸では玉ネギは淡路産や大阪の泉州産の近隣のものがよく出回っていて評判が良い。全国でも一番良質な甘味を持つ泉州～淡路の玉ネギは、もともとその坂

坂口平三郎が神戸から持ち帰り、泉州に広まった玉ネギの原型（扁平で水分が多く、肉質が柔らかく甘い）を残す「吉見早生」。現在大阪府田尻町ではこの「泉州黄玉ネギ」の復活栽培に取り組んでいる。（田尻町提供）

口がいち早く栽培に成功したものだ。「泉州黄（イエローダンバース）」と呼ばれる品種である。

　文久元年（１８６１）に岸和田で生まれた坂口平三郎については、岸和田市の広報広聴課のＨＰにこう記されている。


　坂口平三郎は、土生新田（現、土生町）の農家に生まれ、生涯をタマネギ栽培の実験に費やした、泉州タマネギの祖とも言うべき人物です。

　平三郎は、若い頃から堺県（後、大阪府）勧業委員となり、自宅の近くに農業試験場を作り、商品作物の改良などを研究していました。明治12年、平三郎は神戸の西洋料理店でビーフステーキに添えられたタマネギを初めて食し、将来、日本人も西洋料理を食べるようになると見込んだ平三郎は、居留地のアメリカ人からタマネギ3個を分けてもらい、その栽培実験を開始しました。苦心の末にタマネギの採種・栽培に成功し、希望する農家にタマネギの種子を無料で配布して栽培を奨励しました。日清戦争後には泉州タマネギの輸出も本格化し、作付面積も拡大して泉州特産品として定着しましたが、平三郎は37歳の若さで世を去りました。


『なにわ大阪の伝統野菜』（農山漁村文化協会）などの文献から補足すると、坂口は自ら農事試験場「東《とう》皐園《こうえん》」で玉ネギの採種培養に成功し、泉州秋まき玉ネギを創始。すぐ後、泉南郡田尻町吉見の篤農家の今井佐治平は坂口宅に集まった際、これに着目し当時6合の種子を譲り受ける。息子の今井伊太郎、大門久三郎、道浦吉平らは栽培法や販売法で苦労するが、品質の向上と収量が揃い「今井早生」「吉見《よしみ》玉ネギ」の名で世に広がっていく。

　注目すべきは明治12年（１８７９）という時代。西洋料理の黎明期だ。神戸においては「外國亭」「オリ

岸和田市土生（はぶ）町にある坂口平三郎の業績をたたえた顕彰碑（岸和田市提供）

エンタルホテル」などの外国人用ホテル以外に「西洋料理店」の明細な記録を見つけることが難しい。またオリエンタルはまだ仏人ベギューのものではなかった。

岸和田の坂口平三郎の孫・南野純子さんが昭和62年（1987）に記した『泉州玉葱と坂口平三郎』を読むと、まことに興味深い神戸での出来事が書いてある。

友人の家に着くと、いつものように一緒に町へ出て、当時、外国人を常得意としていた西洋料理店の外国亭に入ったということです。

そこかしこのテーブルでは、日本人と外国人が入り交じって、食事を楽しんでいました。やがて二人の前に出されたビーフステーキに添えられた野菜が、さっと炒めて塩・コショウした玉葱だったのです。（p27）

明治2年創業とされる「外國亭」（p8）がここに出てくる。初代兵庫県知事だった伊藤博文が明治2年まで仮寓していた北長狭通6丁目にあった。そして日本最古級のこの西洋料理店で出された玉ネギは、店の客であったアメリカ人が家から持ち込んで調理させていたものだ。

店主にアメリカ人の名前を尋ねた平三郎は、友人に頼んで一緒に神戸の居留地を探して回りました。そして、ようやく一軒の外国商館で、そのアメリカ人を見つけることができたのです。（p28）

こんなので良ければ、と気軽に譲ってくれた3個の玉ネギは「やや甲高の黄色」だったとのことだ。

その玉ネギを泉州に持って帰った坂口は、2年かけて種子を採種するに至り、明治14年（1881）に初めて収穫した。早速、神戸へ持って行く。神戸の友人と一緒に外国商館の米人を訪ねると、2年前のことを思い出して、夢が現実になったと大喜びしたとのことだ。

次に二人が外国亭の店主を訪ねますと、店主は玉葱の伝播に深く感動され、採種苦労話のあと、店主の紹介で、委託販売店は元町の堺屋和助商店と決まりました。

そして、明治十四年度産の玉葱は、岸和田から帆

船で輸送され、居留地の外国人や、神戸町の西洋料理店に販売されたのです。(p37)

翌年には堺屋和助商店から多量の注文を受けた坂口は、のちに「玉葱王」と称された今井伊太郎などとともに大阪府南部に栽培を広める。明治30年頃には泉南が玉ネギの一大生産地となり、神戸市の承認を経て、神戸居留地にあった兼松商店の手によって初めてオーストラリアなど海外に輸出されるに至っている。オーストラリアは英国の新しい植民地であり、そのころアメリカに次ぐゴールドラッシュに沸いていた。

大正時代に生産奨励によって集団栽培が行われた「淡路産玉ネギ」については、「南あわじ商工会」のHP内の「日本一の玉ねぎ」にこう書かれている。

玉葱の日本に入った歴史は意外に浅く、明治初期からで、入手経路は2つあり、ひとつは北海道からで、あの有名なクラーク博士に同行したW・P・ブルックス農学博士がアメリカ産の種子を持ち込み、札幌農学校で栽培指導をして根づかせました。もうひとつは、神戸の外国人居留地に住むアメリカ人から手に入れた泉州の農業人が栽培をはじめました。泉州産のほうは、のちに大阪神戸に次々に開店した西洋料理店を安定した得意先に拓き、地場産業として拡大の一途をたどり、明治末期には輸出をするまでになっています。

淡路玉葱は、泉州玉葱の栽培技術を導入したもので、明治21年外国から直輸入した黄、赤、紫、白の4種のたまねぎ種子を県から配布を受けて試作したものです。

昭和20年(1945)終戦の年に阿万町農業会技師の宮本芳太郎によって編集発行された『三原郡阿万町淡路玉葱發達誌』には「種子も栽培法も悉く泉州より移入されたものだ」とある。

今や「玉ネギといえば淡路」のそれは大阪泉州由来で、その始まりは花隈の「外國亭」であり、それを元町の商店が販売した。という玉ネギのルーツ現場の物語が、すべて神戸だというのがとても面白い。

また明治5年(1872)発行の『西洋料理指南』『西洋料理通』のカレーのレシピには「ネギを使う」とさ

れている。やっとカレーに「玉ネギあるいは和ネギを細かに切って入れる」と紹介されているのは明治19年（1886）の『婦女雑誌』であり、明治40年（1907）大阪で発行された一般家庭向けの『家庭惣菜と料理法』には、玉ネギを使った料理は一品も出てこないことが『なにわ大阪の伝統野菜』に書かれている。ミナト神戸は洋食＝玉ネギに関してもなんとも「早い」。

フィレ肉を焼く横で玉ネギがソテーされる［帝武陣］のビーフステーキ。火の入れ方が絶妙なり

盛り付けはこの通り。玉ネギがステーキの下に敷かれているスタイルは［オリエンタルホテル］からのものだ

もうひとつ、坂口が「外國亭」で初めて食して感激した「ビーフステーキに添えられたタマネギ」でピンとくるのは「シャリアピン・ステーキ」だ。ほぼ炒めた玉ネギとバターのみでつくるこのステーキ・ソースは、帝国ホテルの料理長の筒井福夫が初めて考案したものだ。『帝国ホテル厨房物語』にもあるが、著者の名シェフ村上信夫は筒井から習っている。

けれども日本以外では見かけないこのメニューは、昭和11年（1936）に日本を訪れたオペラ歌手のシャリアピンの求めに応じて料理したもので、坂口が神戸の居留地の西洋料理店で食した玉ネギより半世紀以上後の話だ。

オリエンタルホテルの系譜である［帝武陣］のビーフステーキは、フィレ肉と一緒に炒めたシンプルな玉ネギのソテーを肉の下に敷くかたちで供された。玉ネギの祖・坂口平三郎が［外國亭］で食したのと同じ料理系統のものだと思われるが、それは偶然のことだろうか。

　このビーフステーキにしても、くだんの「１００年カレー」のダブルオニオンにしても、良質の玉ネギがふんだんに使えないと成り立たない料理だ。［帝武陣］のシェフ山田美津弘さんはカレーに関して、玉ネギや神戸ビーフのアドバンテージもあるが、「神戸には早くからインド人が多く移り住んでいて、スパイスの使い方などその影響があったはずだ」とも言う。これは先の明治33年頃オリエンタルホテルの厨房スタッフのカレー担当にインド人・デビスがいたという山口勇治氏の回想通りだ。またカレーのとろみについては「日本の卵でとじた丼の食感を取り入れたんではないか」と、英国式カレー由来を否定するユニークなフュージョン性を語る。

　ところで山田さんは奇しくも［外國亭］があった、旧生田区北長狭通6丁目に生まれて育った生粋の神戸っ子だ。なぜか神戸だけ残っていないバー［サンボア］が開業したのも同じ北長狭通6丁目だ。

　時代は下がって、全国から腕利きが集められたり修業に来る昭和のオリエンタルホテルのコックのなか、山田さん一人だけが自宅から歩いて居留地の職場まで通っていた。神戸の洋食に関しての話は、このように、今と昔、それも戦前につながる、とてもミナト街的で独特のものがある。

川西英による木版画版「神戸百景」に北長狭通6丁目が描かれている。かつて150軒を超える料亭やお茶屋が並んだ花隈。入口がこの北長狭通6丁目。右手前が[吟松亭] という料亭で、伊藤博文が仮寓していた（Photo：Kobe City Museum/DNPartcom）

野菜と神戸阿利襪《オリーブ》園

明治になっていち早く玉ネギが泉州地方で栽培され、それが開港地・神戸の外国人向けのホテルやレストランの料理に使われていたことは確かだろう。けれども洋食に必要な野菜はまだまだ国内産で調達することは不可能だった。

『神戸居留地史話』によると、支配人兼料理長の仏人ルイ・ビゴ（ベギュー）が、フランス船が入港するたび、赤・白大樽のワインとともにフランス産の小キノコ（マッシュルームだろうか?）、グリーンピース、その他の野菜は果実類や肉類とともに輸入されたとのことだが、それは缶詰だった。

外国人たちは缶詰に満足しない。とくに生野菜に要望が強かった。生野菜でつくるサラダは日本食にない。なのでオリエンタル社長であるグルームは、故国の土の香りがする野菜を提供しようと大石村（現灘区）に所有する別荘に菜園を開いた。

さまざまな野菜の種子が取り寄せられて試作された。アスパラガスは細いものであったが、缶詰にない香りがホテルの客に喜ばれた。ジャガイモ・玉ネギ・かぶ・ニンジン・レタス・セロリ・カリフラワーなども試行錯誤を重ねながら栽培した。

豚や鶏は居留地に隣接する中国人向け市場の南京町で売られていたものの、西洋人が好む仔豚や雛鳥は容易に手に入らない。そのため養豚や養鶏もその菜園で行った。その際、飼料にホテルの残飯を利用したとのことだ。六甲山を開いたグルームの、まったく涙ぐましいほどの西洋料理へのこだわりである。

明治後期になると、日本人客も「オリエンタルの料理がうまい」ということを聞きつけて食べに来るようになる。こんな興味深い逸話がある。ある時、食事にやってきた日本人グループが、メニューがわからないので十数種類の料理を片っ端から注文する。雇われていた日本人のボーイが注意するのにもかかわらず、かまわず作らせテーブルに運ばせた。食べきれない分はあらかじめ用意してあった五つ重ねの重箱に詰めて持ち帰ろうとする。これに驚いた支配人はボーイを呼んで怒鳴りつけた。ボーイは日本の宴会では食べ残しを折り詰めにして持ち帰る習慣があることを説明して支配人をなだめたという。

　神戸近辺を含む近畿地方において明治20年前後は、岸和田土生郷の坂口平三郎、泉南田尻村の今井佐次平・伊太郎父子ほかによる泉州の玉ネギのはじめ、グルームによるオリエンタルホテルの菜園のように個人的な栽培までの西洋野菜調達の記録は少ない。そんな中、中西テツ神戸大学名誉教授による「神戸阿利襪《オリーブ》園」についてのここ十数年の調査、研究は特筆に値するし、ミナト神戸の物語としても面白い。

「2000年頃、森由香さんという学生が神戸阿利襪園を卒論のテーマにして良いかと言ってきたんです。その頃イタメシブームでした。神戸の歴史なので本来は（農学と）専門が違いますが、面白くて、その後も研究しました」とテツさんは笑う。

「神戸阿利襪園」は明治政府が勧業政策のもとで設けた国営のオリーブ園である。明治12年（1879）、前田正名がパリ・セーヌ河畔の種苗店「ヴィルモラン」から4品種550本のオリーブ苗木を入手し、外国人居留地背後の山本通に試植、よく土地に適応して実を結んだ。

　3年後、近代園芸農業の祖である福羽逸人の指導の下、日本初のオリーブの塩蔵品の製造とオ

錨山から見た神戸市街。明治22年（1889）〜明治26年（1893）頃。写真の左中央、山すその辺りに「神戸阿利襪園」の全景が写っている（神戸市文書館架蔵　アーサー・トムンセン氏所蔵）

神戸阿利襪園製のオリーブ油のラベル。天地9.7センチ×左右7.1センチ。明治10年代にこのようなすぐれた印刷が行われていたのに驚く（早稲田大学図書館蔵）

リーブオイルの搾油に成功する。試作品は早速、東京の農商務省に送られ、司法省雇いの仏人ボアソナードも加わり試食したところ、「このような純粋のオイルなら、おいくら払っても求めたい」とベタ褒めの出来映えである。「自国フランス産のオイルは混じり物が多くて本物はなかなかない」と嘆いたとも伝えられている。

中西テツ名誉教授は、後述するオリーブアカデミー神戸の会員と、これらの史実を明治政府編纂の『農務顛末』ほかの文献に見い出しただけではない。裏山の錨山から撮影された当時の写真によってトアロード沿いに広がるおよそ3000坪の区画の植栽の様子が確認され、早稲田大学西垣文庫からは明治17年頃のオリーブオイル瓶に添付したとみられるラベルを発見した。「神戸阿利襪園製・阿利襪油」と大きく書かれたラベルには「PURE OLIVE OIL KOBE」との英文字もある。ただその時代には、まだ国内でガラス瓶製造が始まっていない。貼られたラベルは「コンプラ瓶」と呼ばれた陶

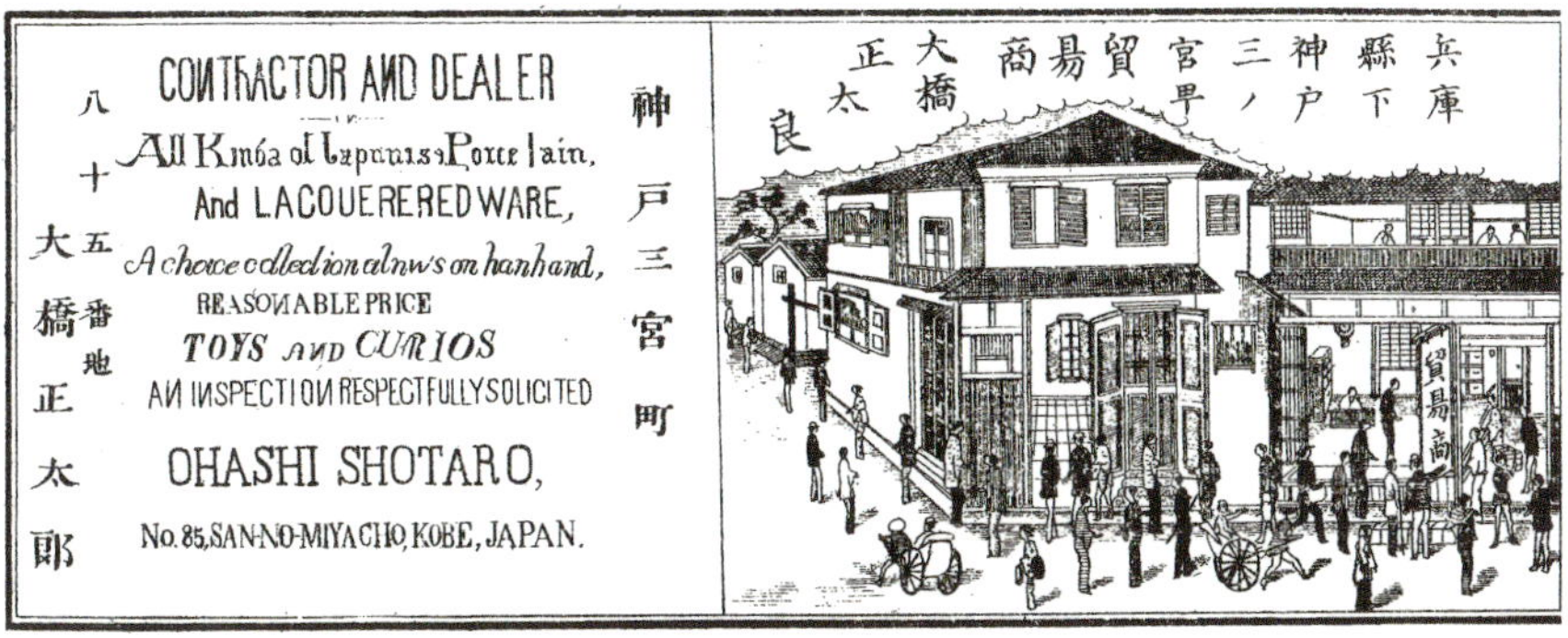

三宮町85番地の貿易商・大橋正太郎。英文で「請負商、商人。諸磁器と漆器、玩具と珍器」とある。典型的な和洋折衷の建物（『豪商神兵 湊の魁』より）

磁器製の容器であり、神戸では『豪商神兵 湊の魁』（p43）に紹介されている三宮の大橋正太郎商店が扱っていた。

明治12年といえば、坂口平三郎が居留地のアメリカ人から玉ネギを持ち帰って栽培の発祥となった年と同じ。数年後の収穫、商品化といい何から何までそっくりだ。

ブイヨンを取る際に入れるミルポワ（香味野菜）に必須であり、「ダブルオニオン・カレー」でふんだんに使われた玉ネギと同様に、新鮮なサラダやソテーやムニエルなど洋食調理になくてはならないオリーブオイルに、この地元産の瓶詰めのものが「オリエンタルホテル」ほかで使われていたのだろう。

その後、神戸阿利襪園は西南戦争の戦費と緊縮財政のために民間（前田正名）に払い下げられ、苗木販売を行ったり（明治22年の広告）、明治37年（１９０４）には「神戸市農会」が外国人の需要を見込んで管理を始めたりする。また日露戦争のあと北方に広がった領海で漁業が盛んになり、魚の「オイル漬け缶詰」の輸出を奨励するためオリーブオイルが必要とされた。その際に、今度はアメリカから苗木を取り寄せて明治41年（１９０８）に小豆島でオリーブが栽培されることになる。一方、神戸阿利襪園においての神戸市農会の管理は、神戸市街地の急速な都市化のために農地と従事者が減少したため、小豆島のオリーブ栽培と入れ替わるかたちで同年中止になった。

２０１３年にその史実伝承と「オリーブによるまちの活性化」を目的として市民団体「インターナショナル　オリーブアカデミー神戸」が設立されているが、宇津誠二理事長と中西テツ顧問を中心に北野山本通界隈の植樹や跡地の「神戸北野ホテル」での収穫祭など、あたらしい神戸のシンボルとしてオリーブを位置付けている。

インターナショナル　オリーブアカデミー神戸理事長の宇津誠二さん。北野ホテル前の記念碑にて

オリーブアカデミーと市民の手によって、異人館の北野山本通界隈にオリーブが植えられている

三枝コレクションより

オリエンタルホテルの記憶

神戸を代表するホテルとして、歴史に名を刻んだオリエンタルホテル。
残されたメニュー表やパンフレットは、在りし日の姿を今に伝えてくれている。

HARVEY C. STREET,
Manager

S. KEMA,
Assistant Manager

ORIENTAL HOTEL. LTD.

TIFFIN

Graham Bread. Raisin Bread. Melba Toast
Please specify the kind of bread desired.

Radishes　Game Pie
Jumbo Olives　Young Onions

POTAGES
1 Clam Chowder　2 Beef Tea in Cup

FISH
3 Fried Oysters with Lemon

ENTREES
4 Irish Stew
5 Braised Capon Piemontaise

VEGETABLES
6 Potatoes Mousseline
7 Spinach Branch 20　8 Creamed Turnips

SPECIAL COLD BUFFET

COLD MEATS
9 Ham　10 Beef　11 Chicken
12 Ox Tongue

SALADS
13 Lettuce　14 Celery
15 Tomato　16 Beetroot

DESSERT
17 English Prune Duff, Brandy Sauce
18 Grenadine Sherbet

CHEESE
19 Edam　20 Trappiste　21 Cottage

Assorted Fruits

Tea　Coffee　Postum　Cocoa　Chocolate

(An extra charge will be made for special dishes ordered)

NOTICE TO HOTEL GUESTS - The Oriental Hotel Announce:-
TEA IN THE FOYER Every Afternoon from 4 to 6.
PRACTICE PUTTING GREEN on the Roof Garden.
HOTEL DE LUXE TAXI and MOTOR CARS can be rented for Special places of intrest to Tourists and excellent Golf Course can be used on reasonable terms.

Kobe, December 12th, 1930

1930年（昭和5）12月12日のメニュー表。海岸通6番時代。梅、桜、紅葉など四季折々の草花が周囲に描かれ、美しい

"Fair-Way" Hirono

GOLF LINKS NEAR KOBE:

HIRONO GOLF CLUB—(18 holes) One hour's drive from the Hotel

Green Fee: ¥ 5.00 Week Days
10.00 Sundays & Holidays
The finest Golf course in the Far East

INAGAWA GOLF LINKS—(18 holes)

Green Fee: ¥ 3.00 Week Days
5.00 Sundays & Holidays

NARUO GOLF COURSE—(9 holes)

Green Fee: ¥ 3.00 Week Days
5.00 Saturdays
10.00 Sundays & Holidays

Visitors cards for the above named courses can be obtained in the Oriental Hotel.

Hirono Golf Rinks

Rokko Rope Way

HOW TO SEE KOBE AND VICINITY

Half Day Sight Seeing 2 hrs. by Ricshow

Ikutashrine-Nunobiki Twin Falls-Suwayama Park Minatogawa (Theatre Street)-Daibutsu-Motomachi (Shopping Street).

HALF DAY EXCURSION BY MOTOR CAR

Delightful Drive to Suma-Maiko-Akashi-along the Inland Sea route.

Mt. Rokko (3,062 ft. above sea level)

One hour and half drive to the summit-Splendid view and refreshing atmosphere—18 holes Golf Course at the top—Skating and Skiing in winter.

ARIMA HOT SPRING: Half hour's drive from Rokko—a well known all year around resort. Round trip of forty miles through beautiful mountain and valley scenery.

Takarazuka Girls Revue, Takarazuka

Week days—1 P.M. daily
Sunday and holidays—Matinee 11 A.M.
Evening 5 P.M.
Admission to Park 50 Sen Seats: 30 Sen

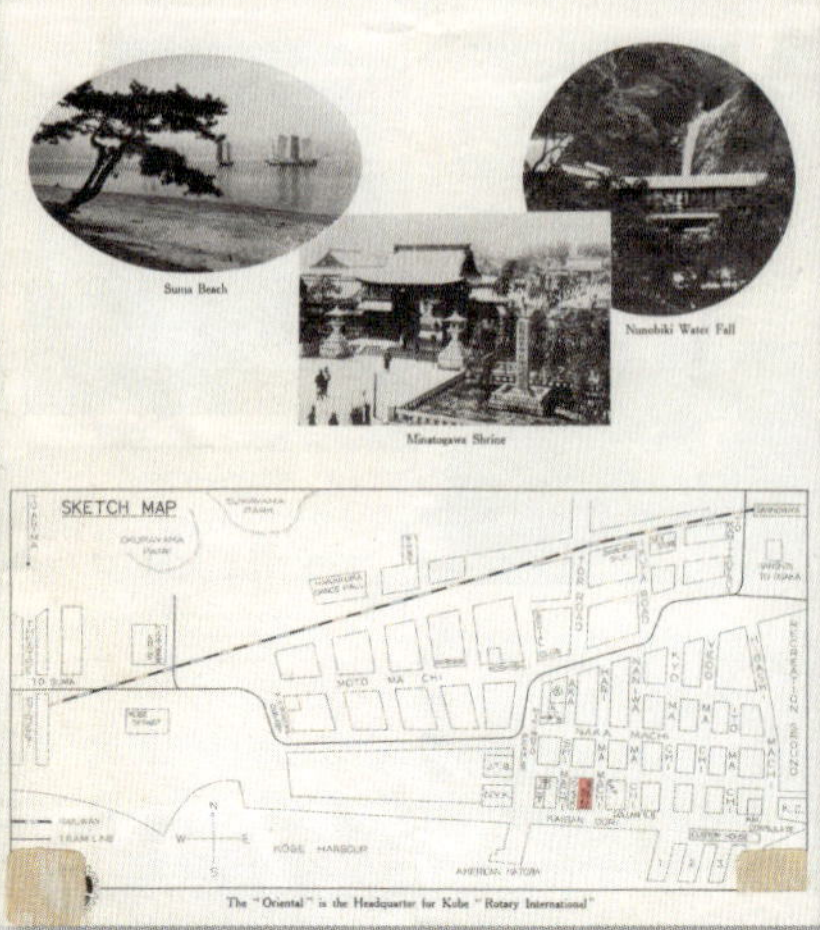

Suma Beach

Minatogawa Shrine

Nunobiki Water Fall

The "Oriental" is the Headquarter for Kobe "Rotary International"

Entrance

Motomachi

Hanshin Drive Way

SHOPPING GUIDE IN KOBE:

MIKIMOTO PEARLS. ....Nishimachi
KOSHIISHI SILK STORE. ....Motomachi
HARISHIN CURIO SHOP. ....Motomachi
DEGUCHI JEWELLERY. ....In the Hotel Lobby
KIKUCHI JEWELLERY. ....In the Hotel Lobby
DAIMARU DEPT. STORE. ....Tor Road.
DAIBUTSU SILK STORE. ....Ikuta Road
CHUJO "SATSUMAWARE" SHOP, Near Nunobiki Falls
WILLIAM RAE FORCELIN, Tor Road
NOMURA, KIMONOS, Tor Road
TOMMY SILK SHOP, Motomachi

BOOK STORES:

THOMPSON STATIONERS, Nishimachi
MARUZEN BOOK STORE, Nakamachi
KAWASE BOOK STORE, Motomachi.

WHAT TO DO—
WHERE TO GO:

MOVIE GUIDE:

"Shochikuza": Shinkaichi, Kobe
KINEMA CLUB: Foreign pictures. Shinkaichi, Kobe
SHOCHIKUZA: Shinsaibashi, Osaka
TOYO-GEKIJO: Kabuki play and foreign pictures. The largest and most modern theatre
KABUKI-ZA: Dotonbori, Osaka.

DANCE HALLS:

HANAKUMA DANCE HALL: Hanakuma, Kobe
SOCIAL DANCE HALL: At the entrance to Motomachi
CAPITAL DANCE HALL: Ikuta Road, Kobe
TAKARAZUKA KAIKAN: Takarazuka (Take Hankyu Electric Line)
DANCE PALACE: Hanshinkokudo, near Osaka
DANCE TIGER: Hanshinkokudo, near Osaka

The Oriental Hotel is under the personal management of Y. Shimada, Managing Director.

Cable Address:
"ORIENTAL" KOBE
Telephone Sannomiya
14-17, 741

THE ORIENTAL HOTEL LTD.,
KOBE, JAPAN.

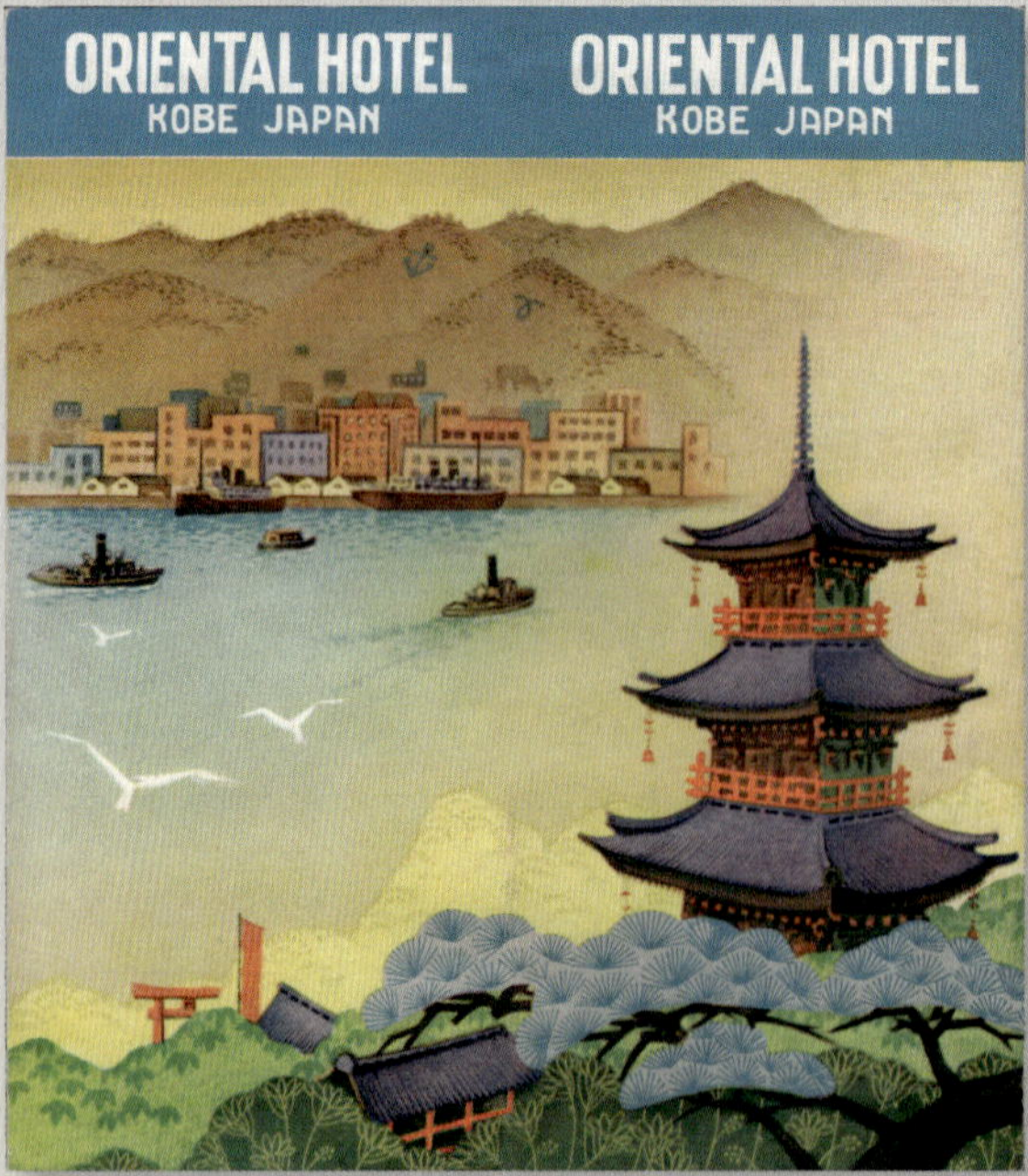

戦前の英語パンフレット。地図では三ノ宮駅が現在と同じ場所に書かれていることから、昭和6年（1931）以降のものと思われる。風呂無しのシングル部屋は1泊5円～8円、風呂有りのシングル部屋は1泊8円～14円。ティフィン（昼食、軽食）は2円50銭、ディナーは3円。設備や食事などホテル案内のほか、広野ゴルフ場や有馬温泉、宝塚歌劇なども紹介している

オリエンタルホテルの記憶

Commanding a splendid panoramic bird's eye view of the fascinating international sea port of Kobe, the **"Oriental"**, built of stone and steel, is a fire-proof four story structure, centrally and conveniently located within a few minutes walk from the passenger wharves, all the principal steamship and railway offices, business centre and the shopping districts. Kobe, a Cosmopolitan city, always colourful and gay, is the starting point for overland railway journies as well as the gateway to the beautiful romantic Inland Sea. The "Oriental", completely equipped with modern conveniences coupled with a genuine hospitality and home-like atmosphere, is deservedly popular as "The Home of Commercial men and Rendezvous of world travellers".

Commodious, airy rooms, beautifully furnished, equipped with modern facilities, hot and cold running water, steamheated throughout, two electric lifts, roomy closets, telephones in every room, all combine to afford guests an ideal opportunity to relax and recuperate from long tiresome journies. All rooms are sunny and outside, may be arranged as single or double, with or without bath, at attractive rates, American or European Plan.

SPACIOUS FOYER: An inviting atmosphere in an artistic setting, resembling a flower garden of an old Spanish village with delicate touches of true Japan, the Foyer is the rendezvous of Japan's foreign residents as well as of travellers at tea time and cocktail hours.

SERVICE AND INFORMATION: Porters in uniform will meet you upon arrival. A genuine welcome, cheerful and sincere, which characterizes the office staff will make you feel "Glad you came and sorry to leave". Informal hospitality and prompt attention of the staff, coupled with eagerness to be at your service, will make your sojourn here a complete treat, restful and enjoyable.

"Oriental's" clerks, well informed on travelling conditions and guides of the city and vicinity will be only too glad to advise, suggest, and assist visitors to see the places of most interests at the minimum expense. DeLuxe Hotel Motor car service with competent and careful chauffers may be arranged most advantageously for shopping, sight-seeing, and excursions.

Supplementing our own force, the World Famous Tourist Agents, Thos. Cook and Sons maintain an information desk in our lounge to make reservations for railway and steamers and assist you in planning any excursions, with or without guides. Japan Tourist Bureau is just around a corner from the Hotel.

UNEXCELLED CUISINE, GRILL, AND DINING SERVICE: The Main Dining Room extending half a block on the Bund with a seating capacity of 200 has kept up its highest standard in variety and quality of the table and enjoys the reputation of being the "Best Table in the Far East". Its chefs and cooks have served many years under the best European stewards. Table D'Hote or A La Carte.—Business Men's Luncheon. Adjoining the Main Dining Room is a cozy, Modern Grill room which serve guests at all hours between 11 A.M. and 10 P.M. Tempting, delicious foods, served in a remarkably unique home-like atmosphere add an extra flavour to your appetite while everything is served "Hot and fresh from the Oven". **Chops, Steaks,** and **Sea Food** are our speciality.

A completely equipped power plant in the Hotel basement enables us to supply sufficient light, heat, and hot water, besides running a most modern laundry and a complete storage plant. This insures to the guests of the Oriental Hotel comforts of all kinds at all seasons of the year.

The Main Dining Room

Corner of Grill Room

Foyer

Ball Room

Bar Room

BANQUET AND BALL RO
magnificiently adorned ball room
kind in the Far East having
stage, dressing room, lights, movi
piano, and all other accessories su
and for making a Dinner party
plete success. Its smooth, glass-
quet floor leaves nothing to be desi

Bed Room

REVISED ROOM TA

Without Bath		
SINGLE	¥ 5.00	to
DOUBLE WITH TWIN BEDS	¥ 7.50	to
With Private Bath		
SINGLE	¥ 8.00	to
DOUBLE WITH TWIN BEDS	¥ 12.00	to

American Plan: Includir
and afternoon tea in

Without Bath		
SINGLE	¥ 11.00	to
DOUBLE WITH TWIN BEDS	¥ 19.50	to
With Private Bath		
SINGLE	¥ 14.00	to
DOUBLE WITH TWIN BEDS	¥ 24.00	to

Telephones in every roon
Elevator service, Ample num
public bath rooms and lavatorie

MEALS:
Breakfast ....
Tiffin ....
Dinner ....
Business Men's Luncheon ....

SHOPPING GUIDE

HARISHIN
OLD JAPANESE & CHINESE FINE ART CURIOS
MOTOMACHI SANCHOME, KOBE
TEL. SANNOMIYA 2585

KOSHI ISHI,
SILK GOODS, HAORI-COATS, KIMONOS, DRESS-SCARVES, CRYSTAL & PEARL NECK-LACES.
186, Motomachi 1-chome, KOBE.

Kobe's Leading merchant in Silk & Embroideries
ESTED. 1875
NIKKO & CO.
HAORI-COATS. KIMONOS. PYJAMAS.
DRESS-SCARVES. CRYSTAL & PEARL NECK-LACES
NO. 132 MOTOMACHI 1-CHOME. KOBE

THE SHOP OF QUALITY
S. NOMURA,
KIMONOS, HAORIS & SPORT-COATS
243, MOTOMACHI 2-CHOME, KOBE.

ESTED. 1883
Y. TANIGUCHI
MOTOMACHI 1-CHOME, KOBE　PHONE SANNOMIYA 2580
PORCELAIN
DINNER, TEA & COFFEE SET.
(SATSUMA, KAGA WARE)

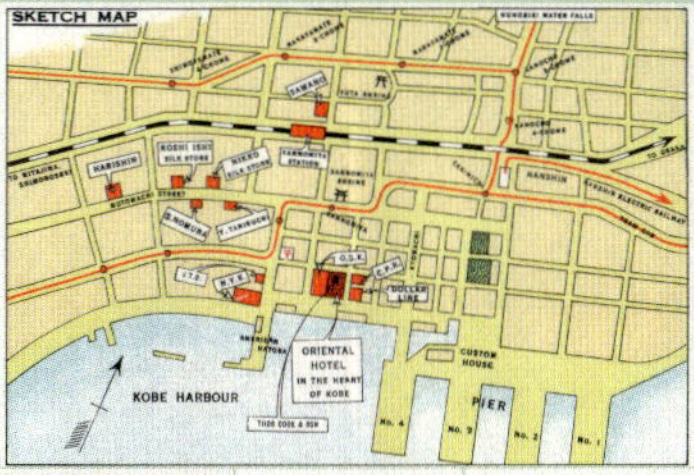

FUJI JEWELLERY STORE
GENUINE CULTURED PEARLS
REPAIRS

KIKUCHI & Co.
AT THE STAIR WAY
NEWS STAND SHOP

IN THE ORIENTAL HOTEL, LTD.

SAWANO
SILK STORE
SILKS & EMBROIDERIES
TOR HOTEL ROAD
TEL. FUKIAI 4320

Mt. Maya, 2300 ft., is one of the high peaks of the Rokko mountain range, with a famous temple dedicated to Maya, the Mother of Buddha, commanding a superb view of the Osaka Bay below. The Maya-san Hotel is an ideal summer and winter resort hotel situated near the upper terminus of the Maya Cable Car Line, which line enables people to make an easy ascent of the Mountain.

From Osaka to Oishi by Hanshin Electric Tramway, thence to the hotel by motor car and cable car, or from Kobe to Kamitsutsui by city electric tram, thence by motor and cable car to hotel.

FARE

MAYA-SAN HOTEL RATES

European Plan.
Single room, with or without bath ¥3.00 to ¥5.00
Meals: a la carte.

The Oriental Hotel is truly a place "**WHERE WORLD TRAVELLERS MEET.**" Whether hotel guests or steamer passengers in transit through Kobe, the Oriental Hotel is your starting point and your base of operations for all excursions to Kyoto, Nara and also—through southern Japan.—When shopping tours and sight-seeing trips in Kobe are finished the spacious foyer of the Oriental is the rendezvous for tea and cocktail parties and gay dinners—YOUR HOME IN KOBE.

In addition to the service rendered by the local office of a world wide travel organization which maintains an office in our lobby, guests for a month, or for an hour, have at their disposal the facilities afforded by the trained personal of the hotel office and are cordially invited to make full use of them.

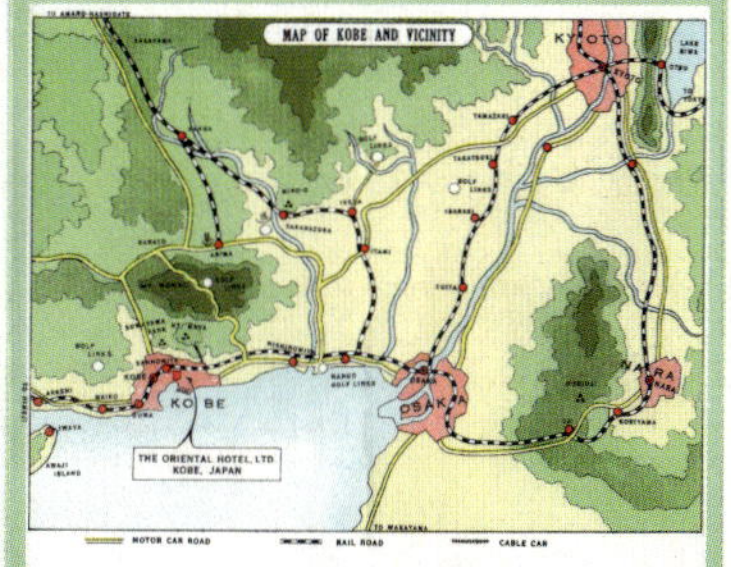

INTERESTING MOTOR CAR TRIPS IN AND AROUND KOBE

SIGHT-SEEING IN KOBE: Two to three hour's drive, visiting Nanko Shrine with its great Torii, Nofukuji Shrine with its Daibutsu, Shinkaichi, and the Charming Nunobiki falls.

MOTOMACHI: Most famous shopping street in the Orient. Noted for silks, curios and other souvenirs. Only five minutes from the Oriental Hotel on foot or by ricksha.

MAYA-SAN: A 2300 foot mountain. Fine view of Kobe Harbor and Osaka Bay. Can be reached in twenty five minutes by motor and cable car.

ROKKO-SAN: Mountain resort 3000 feet above the sea. Fifty minutes by motor from the Oriental Hotel. Splendid view over the sea and across the ridges. Famous 18 hole golf links. Cool mountain air in summer. At its best during spring azalea season.

ARIMA: Half day trip via Rokko-san. An old hot-spring resort. Round trip of forty miles through beautiful mountain and valley scenery, an interesting excursion at all seasons.

SUMA, MAIKO, AKASHI: Four hours trip along the shore of the beautiful Inland Sea. Temples at Suma and the old feudal Castle at Akashi should be seen.

OSAKA: Japan's greatest industrial center and second largest city embraces many features of historical and architectural interest. Population over two million. Three hour trip over excellent asphalt highway by motor car.

KYOTO: Japan's former capital, richest in the historical interest. Old temples, shrines and many other relics of ancient days may be seen. Full day's trip by train or motor car.

NARA: The oldest of Japan's capitals more than one thousand years ago. Ancient temples and shrines are located in the famous sacred Deer Park. Half day trip from Kobe by motor car, or may be included in Kyoto trip.

GOLF LINKS: 18 Holes=Ibaraki, Ikeda, Rokko-san, Takarazuka. 9 Holes=Naruo, Maiko.

戦前の英語パンフレット。三ノ宮駅が現在の元町駅付近にあることから、昭和6年（1931）以前のものと思われる。摩耶山や六甲山、有馬、須磨、舞子といった周辺の観光案内や店舗の広告が多い

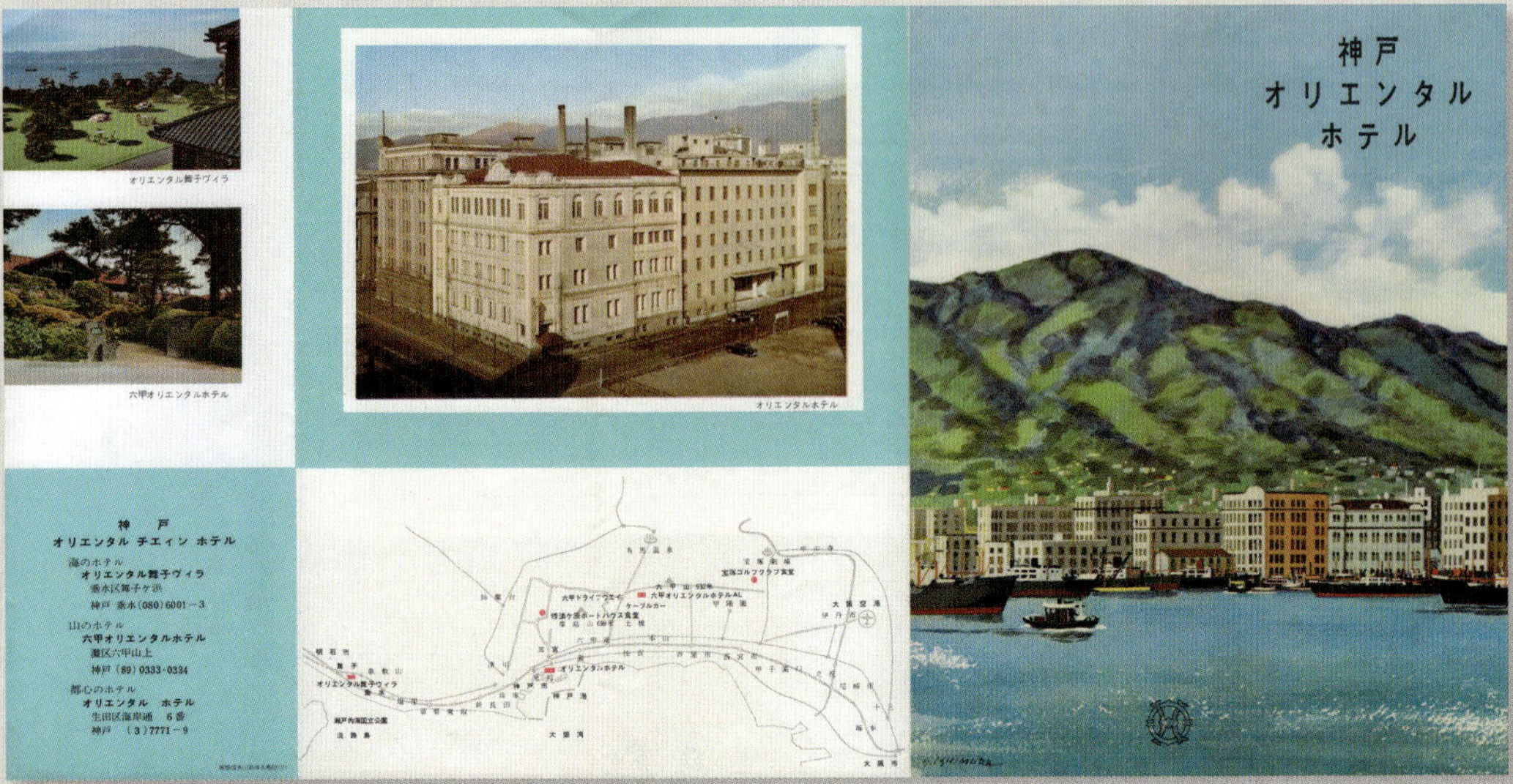

戦後のパンフレット。海岸通時代。舞子ビラや六甲オリエンタルホテルの案内も載っている。定食堂、グリルの説明には「ハンガリア生まれの司厨長」とある

三枝コレクションより

オリエンタルホテルの記憶

昭和39年（1964）に京町25番へ移転した後のパンフレット

旧オリエンタルホテルの料理の伝承

2017年5月23日付の神戸新聞に「旧オリエンタルホテル伝統のビーフシチュー再現」という見出しで記事が出た。

「神戸メリケンパークオリエンタルホテル」のレストランで、古い記録を元に復活させたビーフシチューを期間限定で出すとの内容だ。この記事の「旧オリエンタルホテル」という表記にあるように、現在のオリエンタルホテルのレストランの料理と切り離しているのがわかる。篠原拓真記者はこう書いている。

旧オリエンタルホテルは1870（明治3）年、旧居留地に開業した。料理に定評があり、神戸を代表するホテルとして親しまれてきた。1995年に阪神・淡路大震災で被害を受けて閉鎖。同年7月に開業した神戸メリケンパークオリエンタルホテルには旧ホテルの料理人や従業員の多くが移った。

ビーフシチューのレシピは存在せず、歴代のシェフが味を受け継いできたという。再現は、旧ホテルのレストラン料理長で神戸メリケンパークホテルの初代総料理長を務めた森光昭さん（72）が記録した当時の資料が見つかったことから始まった。

現在、京町にある「神戸オリエンタルホテル」は、HPのトップに「東洋一美しい街並みと讃えられた旧居留地に、日本最初のホテルとして開業した（略）一世紀の時を越え歴史を紡いでいます」とあるが、レストランに関しては「旧オリエンタル」のそれとは全く違う系譜のものになっている。

メリケンパークのオリエンタルホテルにしても、神戸新聞記事にあるこのビーフシチューを「開港150周年を迎える年の期間限定で提供」（広報・柏崎氏）しているのみで、「伝統のカレーライス」もグランド・メニューにはない。ともに旧オリエンタルの料理長だった山田美津弘シェフの［帝武陣］、JR三ノ宮駅北の中田博一シェフの［クックナカタ］が閉店した現在、地元神戸で［旧オリエンタルホテル］の料理を引き継いでいるのは、わたしの知る限りで元町通5丁目走水神社前の［Sion］、三宮神社前の［L'Ami］、阪神御影駅北側にある［瑠美］ぐらいだ。

ちなみに鯉川筋生田新道の南西角にあった［グリル白樺］（昭和22年／1947創業）も旧オリエンタル出身だった。たまたま鯉川筋に84年から数年住んでいたことがあり、［グリル白樺］はスープから始まる「あの感じ」のランチセットを覚えている。2階建ての洋風邸宅のレストランで、レースのカーテンと古い椅子とテーブルの内装だったと記憶するが、いつの間にか閉店し建物ももうない。『ミーツ』誌でもよく取材をした大阪・阿倍野の［グリルマルヨシ］（昭和21年創業）も、初代が旧オリエンタル出身とのこと。

JR三ノ宮駅北側にあった［クックナカタ］
（『ワンダフルコウベ97』より）

鯉川筋にあった［グリル白樺］（『ワンダフルコウベ別冊　神戸グルメ大百科』より）

「旧オリエンタルホテル出身のシェフ達が作る神戸伝統の洋食カレーとビーフシチューのお店」とはっきり謳う［Sion］がオープンした経緯はユニークだ。代表の一枝淳治さんは、阪神タイガースを85年に優勝に導いたかの「一枝コーチ」、一枝修平元ヘッドコーチの息子さんである。一枝さんのもともとの家業は大阪難波のシティ・ホテル。創業70年以上の料亭旅館をルーツに持つ。

一枝淳治さんが今からほぼ10年

前、2009年に神戸市立の国民宿舎［シーパル須磨］の経営企画に従事していたときに「レストランの洋食を」と、［六甲オリエンタルホテル］の元シェフで早期退職した桑垣さんをスカウトしたのだ。父の修平さんと桑垣さんは古くからの友人で、小学校の頃から桑垣さんの料理の素晴らしさを知っていたからだ。その桑垣さんを軸に、メリケンパークオリエンタルの初代料理長で先輩にあたる森光昭さんほか、旧オリエンタルの元シェフたちが、続々とヘルプで来るようになった。

そんなある日、桑垣さんは「オレらのカレーはうまいで。食べるか」と言った。「オレらのカレー」というのは言うまでもなく、連綿と受け継がれてきた旧オリエンタルのカレーである。

けれども「出来たぞ」と出てきたのは3日後。極上のカレーだった。「いまだに忘れられへん」と一枝さん。これが名だたるオリエンタルホテル流ダブルオニオンのカレーか、と思うと同時に、なんと手間と時間のかかるカレーだと思った。同時に森光昭、長谷川清、田本義弘シェフという歴代の旧オリエンタルのオールスターとめぐり会い、その腕に惚れ込む。

六甲オリエンタルホテルの厨房（田本義弘さん提供）

一枝さんは、まだまだ現役で十分やれる旧オリエンタルの洋食担当の元シェフたちが「もったいない」と思った。それがきっかけで「オリエンタルの伝統の味を守り伝える」をコンセプトに森光昭さんらを説得して開店にこぎつける。ただ街場では長引く不況もあった。まずは値段だ。「カレーを千円、ビーフシチューも2千円以内で」「そんなもん合うかい」ということですったもんだ。カレーはなんとか実現したものの、問題は150年続くビーフシチューだ。価格計算をすると「4千円くらいで」との線が出た。もちろん神戸牛等々、旧オリエンタル流の選りすぐりを使いたいのはやまやまだが、「街場の2千円ランチは食べない」との結論に。

研究熱心な一枝さんは旨いオージービーフにこだわった。「肉の旨みをソースに落とし込めば良い。少々固いが、彼らの腕なら柔らかく煮込むはず」と試行錯誤を繰り返し1290円（当時）で実現した。今どきの時勢、なかなかのいい話だ。

昭和20年（1945）生まれの森光昭さんが、海岸通の［オリエンタルホテル］に入社したのが1963年。ちょうど［帝武陣］山田美津弘さんと同世代、旧オリエンタルでよく似た経歴の料理人だ。

空襲で焼失して仮店舗から始まる旧オリエンタルの戦後の足跡はまさに激動である。森さんの旧オリエンタルでのキャリアを見てもそれがよくわかる。

63年入社。海岸通のホテルは6～7階建て、シェフは伊藤考二さんだった。極上のアワビの料理で知られる［志摩観光ホテル］でも腕を振るっていたという第12代料理長の伊藤氏は、戦前にオリエンタルのレストランで料理人として活躍していたが兵隊に取られた。40代半ばで敗戦、ずたずたの日本に復員する。苦労の末、戻った旧オリエンタルでは面倒見がよく後継者を育てた。その次の13代目料理長が「100年カレー」を復活させた石阪勇さんだ。

森さんが入社した翌年、［オリエンタルホテル］は京町25番地に新築移転。その後、高度経済成長に乗ってオリエンタルは戦前の勢いを取り戻す。

伊藤料理長の下で料理の腕を磨いた森さんは、グリル、宴会場、コーヒーショップ、12階のトップレストラン、有栖川宮の元邸宅の迎賓館を59年に買収した［オリエンタルホテル舞子ビラ］、66年に新築改装された［六甲オリエンタルホテル］と、数多くの旧オリエンタル系のレストランを経験する。

旧オリエンタルは71年に来島ドック、87年に当時絶頂期だったダイエーに買収されるも95年の阪神・淡路大震災で被災し、復旧が困難との判断で廃業、建物は取り壊される。

ダイエーはこの［オリエンタルホテル］を資本傘下に入れ名称を取得するや、［新神戸オリエンタルホテル］［神戸メリケンパークオリエンタルホテル］を

六甲オリエンタルホテル（神戸アーカイブ写真館提供）

姉妹ホテルという位置づけでオープンさせる。旧オリエンタルで厨房を守り続けてきた森さんは、ホテルが震災で全壊して従業員が雇用整理されるなか、神戸メリケンパークオリエンタルホテル（95年7月オープン）の初代総料理長に就任する。そして定年を迎え、特別顧問となる。

　旧オリエンタルの料理人たち、とりわけ海岸通にあったホテルのレストランを経験した料理人たちから耳にするのは、「六甲オリエンタルホテル」の料理のことだ。

「六甲オリエンタルホテル」は、阪神電鉄が「阪神間モダニズム」を牽引していた昭和9年（1934）に、六甲山の観光地開発の一環で開業。客室は24室。阪急電鉄が昭和4年に六甲山初のリゾートホテルとしてオープンした山荘風純洋式建築の「六甲山ホテル」に対抗するのだが、その際に、土地建物だけ所有して「オリエンタルホテル」に経営・営業を委託した。

　バブル期に「オリエンタルホテル」を買収したダイエーは、傘下のホテルを新神戸やメリケンパークほか全国展開したが、「六甲オリエンタルホテル」は開業時の経緯ゆえに、ダイエー傘下の経営ではなく、開業時の体制のまま営業を続けていた。したがって料理人たちは「六甲オリエンタルのレストランの料理が最も旧オリエンタルの系譜を引いている」と口を揃える。

　ちなみに旧オリエンタルの「六甲オリエンタルホテル」は長引く不況で2007年に営業を停止し閉鎖される。1986年に庭園内に安藤忠雄氏によって設計され国際教会建築賞に輝く「風の教会」がその面影を残すだけとなった。

　1969年に35歳で「六甲オリエンタルホテル」に

異動し、料理長を務めた料理人が茅切勇さんだ。昭和9年（1934）生まれの茅切さんは須磨区磯馴町出身。山田美津弘さんや森光昭さんの一回り上、昭和一ケタ生まれの茅切さんの職歴のお話は、ミナト神戸の戦前戦後と「旧オリエンタルホテル」の存在が織りなす関係の物語としてとても興味深い。

神戸が度重なる空襲に遭い、「鉄道の貨車2杯の家財を持って」岡山に疎開したのは10代前半だった。敗戦で須磨区若宮に戻ると爆撃で生家の周りは丸焼けで「遺体が家に積まれていた」。

中学校に戻ったのが18歳。「蘇さんという華僑がやっていた大丸7階の中華料理店で、中華ソバやワンタンの皮を打っていた」。それが料理人の始まりだが、そごうにある食堂の料理長の息子が仲間にいて、「神戸は中国人が多いし、中華料理人、沢山いるからあかんで」と言われて洋食へ転じた。

昭和30年（1955）21歳でオリエンタルホテルにコックとして入社。厨房には100人のスタッフが働いていた。ブッチャー、野菜場、グリル、ストーブ、ソース、スープ、パントリー…、分業制で1年で部署が変わり「一回りしなかったら一人前にならない」。「これは10年かかるなと思っていた時に、『ワシにこの子くれ』と言ってきたのが親方だった」。

親方とは誰あろう、12代料理長に就任する伊藤考二さんだった。「その前の11代が田中長太郎さんで、パン、デザート、アイスクリームも上手かった。次の13代が石阪勇さんで、（自分より）2つぐらい上。キャリアは6年先輩だった」

器用な茅切さんは、伊藤氏に「特別に可愛がってもらい」3カ月ごとに異動する。「必ずどこかの料理長にしてやるから、一つのものを深くではなく、広く浅く。口に入るものは全部勉強しろ」「世界中の多様なお客が食べるフランス料理は世界料理だ」と言われ、さまざまな仕事を短期に経験しメキメキ腕を上げる。まだ戦後間もなくで、旧オリエンタル流料理の食材は不足していた。

「グリルのカレーにしても、ラッキョウほかいろんなピクルスやクルミ、ゆで卵の刻んだものまで10種類ぐらいの薬味を用意しないといけません。2人分なら×2です。大量に使う卵は農家が毎日産みたてのを持ってきてました」という具合だ。

「六甲オリエンタルホテル」は66年の新築から任さ

れるようになる。それまでは夏のみの避暑バカンス営業で、その時期以外は旧居留地の本館（旧オリエンタル）の厨房で働いていた。

「オリエンタルホテルは、ほかに宝塚のゴルフ場、舞子ビラ、商工会議所、神港ビルヂング、神戸市役所最上階、再度山のロッジのレストラン、直営支店がいっぱいあった」と言う。「ＮＨＫの料理番組とかテレビにもしょっちゅう出たし、偉い客のワゴン・パフォーマンスや氷の彫刻も何でもやりました」。加えて「神戸のお金持ちの大きなおうち、だいたい出張調理で行ってます。今の新神戸にあるひと山が家だった竹中家屋敷、女中さんが制服を着ていた垂水のホルスタイン邸…」

このようにして「オリエンタルホテル」の料理は、舌の肥えた政財界人や外国人はじめ神戸一円のグルメたちを魅了する。「他の洋食とは一線を画すもの」として認知され、評判を獲得していく。

ただそのレシピは前にも書いたように、「オリエンタルホテルのレシピ」として一筋縄で残されてはいない。森光昭さんが「レシピなんかなく、スプーン何杯という感じで、自分の目と舌で覚えた」と語るように、

オリエンタルホテル時代の茅切シェフ（右）と氷の彫刻作品（茅切勇さん提供）

オリエンタルの厨房においての徒弟関係で先輩料理人から受け継いでいったものだ。60年代初めまでは「調理場では英語と仏語しか使えず、メニューや食材を丸暗記した。失敗すれば怒声が飛び、平手で殴られた。厳しい修業が料理人を育て上げた」と神戸新聞の別のインタビューで語っている。

「100年カレー」に加えて名物だったビーフシチューでも「ソースはトマトピュレーとペーストを煮詰めて上から赤玉ポートワイン。デミグラスとは違う」だったり、肉は「フライパンで肉汁を出さないようにさっと色をつけて油を切る。あとは上からメリケン粉をふってオーブンに入れて6~7時間。焦がしたらダメ。ブレゼビーフだから」という具合で、横で先人たちがどのように料理をするのか見ていないと、皆目見当がつかない。つまり「習わないとできない料理」なのだ。

神戸の街場で「旧オリエンタルの料理」と言われて区別され、古いファンや新しいグルメたちをも魅了する「神戸の洋食の系譜」のひとつがこのようなストーリーなのだ。

京町25番に移転したオリエンタルホテル。1995年の阪神・淡路大震災で被災し、取り壊された（神戸アーカイブ写真館提供）

そして今、大人気の旧オリエンタルホテルの料理

神戸のど真ん中、三宮神社近くにある［L' Ami］は、ジャンルを超えこの界隈で一番盛況な飲食店だ。ランチは開店から午後2時を過ぎても常に行列をつくっている。それも店内に8人、外に15人という並びようだ。夜のラストオーダーが8時半ということで「8時に行けば大丈夫だろう」と店に着いたら、まだ外に4人並んでいて引き返したこともある。

店名に「神戸洋食とワインの店」と冠がつくこのカウンターだけのモダンな洋食店は、オリエンタルホテル出身の土井平八さんが2000年にオープンした店だ。土井さんは昭和17年（1942）三田市生まれ、ホテルオークラ神戸出身のスーシェフと二人でこの超人気洋食店の厨房を切り回している。

「オリエンタルには5～6年しかいてませんでしたから、偉そうなことは言えませんが」と前置きの後、この人の洋食のプロフェッショナルとしてのドラマチックな話が始まる。

土井さんは1960年に高校を出ると、日本初の調

［L' Ami］の土井平八シェフ。神戸屈指の繁盛店をとりしまるベテランシェフだ

理師養成学校の日調（辻学園日本調理師学校）の2期生として入学した。夏休みにはオリエンタルホテルが

舞子ビラ（神戸アーカイブ写真館提供）

買収したばかりの［舞子ビラ］のレストランでアルバイトとして「ひと夏」働く。そのときの「調理部のチーフ」すなわち料理長が伊藤禄夫さんだった。神戸最古のレストラン［伊藤グリル］の三男であり、のちに伊藤グリル2代目シェフとなる料理人である。

「伊藤禄夫さんとの出会いで、この仕事をやっていきたいと思いましたよ。それも街場よりホテルです。禄夫さんが最後の日に『ご苦労さんやったなあ』と呼んでくれて、ビールまで飲ませてもらって『調理学校卒業して、行くとこなかったら、俺んとこ来い』と言われて、ほんまにうれしかったです」と18歳の頃を回想する。

卒業後、その言葉通りにオリエンタルホテルに入社。茅切勇さん、山田美津弘さん、森光昭さんと同様に、土井さんは名シェフだった伊藤考二さんの下、海岸通のオリエンタルホテルの料理人としてのキャリアの一歩を記している。

入社後はまずパントリーでサンドイッチやコーヒーを作っていた。1年で待望のキッチンへ。

「仕事は〝盗む〟というか、〝見て覚える〟のですが、二番手の加治屋先輩などから『これやっとけよ』と言

われて、その意味がすぐ理解できたので可愛がられました。楽しいことばかりでしたよ。フランス語も自然と覚えていきます」。オリエンタルホテルの水が合ったのだろう。

オリエンタルホテルの旧い料理人のこんな話もある。「伊藤考二さんの親方が〝宇佐美〟という名料理人で、天皇の料理番・秋山徳蔵（p32）の先輩でした。戦前、昭和天皇が海軍の神戸沖大演習観艦式でいらっしゃった際、同行した秋山がオリエンタルホテルの厨房へやってきた。オリエンタルが料理を担当していたんですね。宇佐美さんは軍服サーベル姿の秋山を見て『おまえ、なんていう恰好してるんだ』と言ったそうなんです。その宇佐美さんが伊藤考二さんに『キミ、秋山のカバン持ちに行ってこい』と送った。先輩の梅田さんからそう聞かされました」。

オリエンタルホテルの本館で「ヤンチャやり過ぎた」という土井さんは、神戸商工会議所のレストランへ送られる。オリエンタルが運営していたその食堂の厨房は「窓も黒く汚れていて日が入ってこない汚い料理場で、鍋も真っ黒でした。『何かしたれ』と思ってましたから、10日ぐらいかけて徹底的に掃除しました。チーフは茅切（勇）さんで、よくしてもらったですわ。『これ写しとき』とレシピがまとめられてあるノートを渡してくれました」。庖丁捌きの達人で氷の彫刻の名人としても知られていた茅切勇さんは、「ヤンチャなわたしをうまく使ってくれました」。

今度は宝塚ゴルフ倶楽部のレストランへ、「シェフを任された加治屋さんに『土井ちゃん連れて行くからな』と言われました。ええ？　田舎のゴルフ場かよ、と思いましたわ」。が、宝塚では「加治屋さんは一生懸命教えてくれましたよ。『料理』だけではなく『技』を教えていただいたと思っています」。そして待望の京町に新築移転したホテルに戻る。「調理道具に器械というのがあって最新でした。そら働きやすいです。いや、広い調理場でかえって動きまわってしんどかったです」と笑う。高度経済成長まっただ中の１９６０年代は、土井さんなどオリエンタルの若いコックたちが、明海ビルの［明治屋中央亭］にヘルプに行ったそうだ。

土井さんは調理師専門学校を卒業して、オリエンタルホテルで約5年間、技術を習得し腕を振るった後、自己都合で退社する。「ホテルはいっぺん出ると帰れ

明海ビルにあった［明治屋中央亭］（『ワンダフルコウベ』1981年発行号より）

ないですから」とその後は、三田国際ゴルフクラブの料理長、大阪高等裁判所近くのレストランの飲食店のマネージャー、大丸神戸店の［神戸開化亭］の経営に加わるなどした。

［L' Ami］の料理は「シチューもカレーもオリエンタルのレシピを基本的に受け継いでいます」と土井シェフ。開店に際して「見上げる存在だった」石阪勇さんに手紙を書いた。すると「丁寧な手紙が返ってきて、レシピを書いて送っていただいたのです」。ただオリエンタルのレシピをそのまま再現すると、上質の食材とそれにかける手間と時間で、商売どころの話ではない。また調理スペースも足りない。

たとえばビーフシチューは、500グラムのホホ肉のブロックをオーブンで焼いて2時間煮込む。ソースは牛骨、牛すじ、ミルポワのフォン・ド・ボーにワインを加えたオリエンタルホテルおなじみのもの。そして秘伝のデミグラスソース（p98から詳しくふれる）を少し足す。というふうに「簡略化」しているとのこと。

旧オリエンタルホテル出身のかつてのシェフが伝統の味を披露し続けている［Sion］と同様に、開店以来の一番の課題は伝統の洋食と値段の釣り合いだった。

Sion

正統派
旧オリエンタル
ホテルの味

旧オリエンタルホテルで活躍していた長谷川清、田本義弘シェフが日替わりで腕を振るう。その矍鑠《かくしゃく》とした姿に、当時のオリエンタルの栄光が偲ばれる。

営業は土・日曜を除いて昼のみ。ビーフシチュー（1430円・税込み 以下同）とカレー（990円）のサラダ付きセット、13時からの「まかないハンバーグセット」（1300円）のみ。

やさしいがインパクトがあるカレーのおいしさ。グルメな客のなかには「ココナッツの風味がするとか、マンゴを入れているのでは、といろいろ言われるんですよ」と笑う一枝さん。長年、〔帝武陣〕の「ホテルのカレー」に親しんできた口には、「そうそう、この味」といつも納得させられ、JR元町駅へテクテク歩いて帰る道すがら、元町商店街あたりで必ず「また来よう」と思わせられる。

ビーフシチューも、どこにも似ていない旧オリエンタルのそれ。柔らかく煮込まれた肉がたっぷりで、赤ワインを飲まないと「もったいないなあ」と思ってしまう。だから休みの日にしか頼まない。

土・日曜の夜は、昼のバージョンからさらにアップした前菜付きのカレーとビーフシチューのセットに加え、ステーキカレーセット（3080円）も。

カレーはピクルス4種とサラダ付きで出てくる。
かつての旧オリエンタルホテルのカレーの風味を知ってる人も少なくなった

いずれにしても、食材を30時間以上も煮込んで完成にもっていくビーフシチューとカレー、旧オリエンタルの厨房で活躍していたシェフたちがすべて高齢者になっていく現状を考えると、明治以来の正統的なオリエンタルの味をどう残していかれるのかに興味が引かれる。

牛肉のボリュームもたっぷりなビーフシチュー。まだ神戸のレストランで受け継がれている旧オリエンタルホテルゆずりの味だ。だいたいのレシピはp61参照

Sion

長いカウンター 10席の中が厨房。奥に掘りごたつ席2つ14席という店。どこかアットホームでカフェ然としている造りだが、かえって肩肘張らずに伝統の洋食の真髄を楽しめるのが良い。

「旧オリエンタルホテルの料理」としっかり謳っている

address. 中央区元町通5-2-18-101 **tel.** 078-335-6248
open. 11時半～14時半 土・日曜の夜は18時～20時半（20時L.O） **close.** 月曜休

チキンキエフは名前の通りウクライナの首都キエフゆかりの料理。
切ると温いバターが溶け出すのが特徴。海老フライ1尾をプラスしてもらう

レストラン&ティー 瑠美

伝統に工夫とアレンジ詰め込んで

たまたまなのかもしれないが、午後1時半ぐらいに「平日だし、大丈夫だろう」とドアを開けるとびっしり満員。「お名前、書いてください」と言われ順番表に記入、続いてメニューが渡されて、前もって注文を告げる。そういうことが数回あった。キャパも大小テーブル30数席と大きく、阪神御影駅界隈の飲食店で随一の繁盛店だと見ている。

次の順番の50代と思しき夫婦は

「コロッケをデミソースで」などとカスタマイズ注文している。常連客なのだろう。ウッディなカフェ風の店内を見れば初老の男性一人客、2～3歳の子ども連れの夫婦に、どちらかの祖父、祖母のグループもいて、広い客層と店の性格がよくわかる。

この日はチキンキエフ（1200円）を食べたくて訪れた。フレッシュなパセリを練り込んだブルゴーニュバターを鶏肉で巻いて揚げたもので、鶏から溶け出たそのソース、ニンニクも効いていてしびれるほどうまい。そしてデカい（150～170グラムある）。それに1日200本出ることもあるエビフライを1尾付けてもらう（350円／メニューに書いてある）。

「これぞ旧オリエンタル流の逸品」と思っているが、「西欧でもそうですが、ホテルでは胸肉を使ってました。うちはモモですよ。材料が違うんです」と早瀬シェフ。基本は「オリエンタルで習った通り」だが、

抜群の素材でとびきりうまいサラダ。旧オリエンタルホテルのドレッシングのだなあと分かる

メニューに「ブルゴーニュバター入り」と書かれているチキンキエフ。そのバターを味わう珠玉の名物料理

牛肉たっぷりのビーフシチュー。ソースのうまさに、「これやなあ、やっぱり違うなあ」という声が出てくる

食材のチョイスや煮込み方を変えたり時間をたっぷりかけたり。一口食べると「工夫」と「アレンジ」、そしてその手間暇のかけ方がわかる。

一度「一番オリエンタルの特徴ある料理は？」と訊いたことがある。おかみさんがわざわざ厨房でフライパンを振っているシェフに聞いてくれた。ビーフシチュー（1800円）だった。

先にサラダが出てくる。山田美津弘シェフの［帝武陣］で食べたドレッシングを思い出す（そっくりだ）。A2のブリスケを使っているビーフシチューは、「4時間半きっちり煮込んでます」。それを一晩寝かす。大変な手間のオリエンタルの決まり事だ。

ドレッシングやエビフライのタルタルソースの卵の具合含め、これぞオリエンタルと思ってそう伝える

旧オリエンタルホテルの料理の良さのひとつに「ライスに合うデミソース」という特徴がある

この「洋食レストラン瑠美」の店構えが、阪神御影駅前らしさをつくっている

と、「マヨネーズも昔教えていただいた通りですが、山田さんのとは分量が違うかもしれません」とのこと。一筋縄ではいかない「街の洋食屋さん」である。

レストラン&ティー　瑠美

オーナーシェフの早瀬芳美さんは1951年生まれ。18歳の時にオリエンタルホテルの厨房に入り、13年経験を積んだ後、独立する。国道2号線沿い東灘区住吉郵便局のそばに店を出すが、十数年して震災で全壊。やむなく現在の場所に移転する。

address. 東灘区御影中町3丁目1-18御影師範ビル1Ｆ
tel. 078-854-0194　**open.** 11時～15時　17時半～21時
close. 月・火曜休

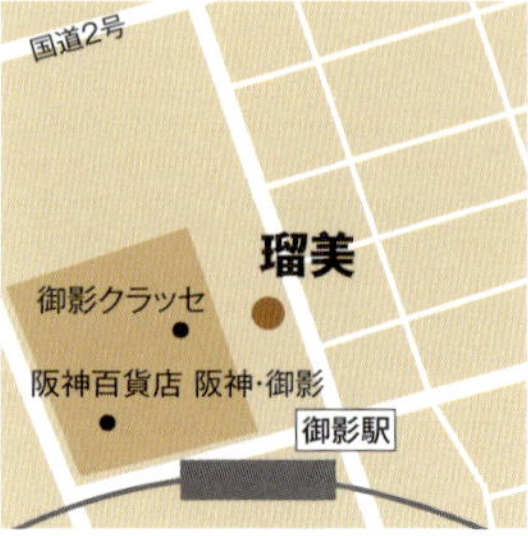

L'Ami

行列の先に待つ、旧オリエンタルの美味

昼のラストオーダー前、午後2時に行くと土井シェフがものすごい量の肉を大きなバットに並べているのが覗《うかが》えた。昼も夜も人気メニューの「ビーフシチューオムレツ」（900円）の仕込みをアイドルタイムに始めるとのことで、「70人前はあるでしょう」とのことでたまげた。

いつも並ばないと入れないこの店、待ち時間について、元町・三宮の街人の間では「夜の方がマシ」。ランチタイムに大人気のカニクリームコロッケ（900円）は、土井

人気メニューのビーフシチューオムレツ。このコストパフォーマンスは他店が真似できない。よって昼はいつも行列

こちらカニクリームコロッケ。いつどうやって仕込みをやっているんだろうか、と思うオーダー数

内側はあくまでも具＝カニ身入りソースであって、それをパン粉の衣が包んでいる具合がわかる

「神戸一おいしい食べ物」

代表的なディナーメニューの牛フィレカツレツ。トンカツ屋さんのビフカツではないホテルの味。よってこれはやはりワインが必要

シェフによると「実はオリエンタルホテルのグランドメニューにはなくて、プロデュースしていた「神戸開花亭」の惣菜で、大丸やそごうですごく売っていた」とのことで、「ここで起こしたレシピです」。ふんだんに香美町産のカニ身を使い、マッシュルームがアクセントのバランスの良さが身上。

牛フィレカツレツ（1700円）、牛フィレのカレー（1000円）もさすが旧オリエンタルの料理。リアル

平日、日曜関わらず開店早々いつもこんな状態。三宮元町界隈で一番はやってるレストランではないかと思う

ランチメニューは店外に表記。サービス精神というか愛嬌のある店

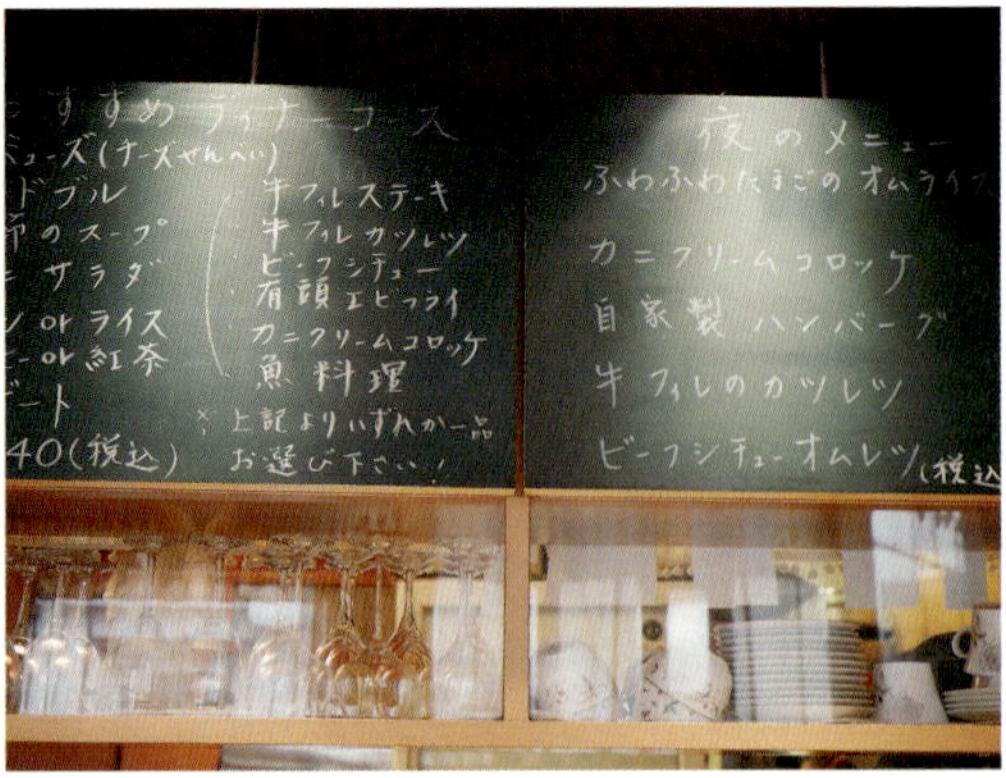

黒板書きの夜のメニュー。コースもある（値段は税アップ以前の写真）

にそう思ってやって来る世代のお年寄り夫婦、神戸一帯のビジネスマン、近くのブティックで働く女性やデート中の大学生カップル…が、一同にカウンターに並ぶさまは、神戸洋食の底力を見せられているようで頼もしい。

「ふわふわたまごのオムライス」（900円）は松蔭女子学院大の3回生たちが「神戸一おいしい食べ物」と言っていたので、逆に「そういうことやなあ」と思って敬遠していた。が、ケチャップライスの上のぷっくり紡錘形オムレツにナイフで切れ目を入れると、卵がきれいに割れて流れ出し、そこにデミグラスをかけて食べる、まことにおいしい一品。

L'Ami

店はカウンター約15席。カウンター内で4人の女性スタッフがテキパキお客をさばいているが厨房は2人。料理に関しての大変なエキスパートぶりが見て取れる。「いいな」と思うのはメニューにリストアップされている前菜で、「タコの唐揚げ」「合鴨のロース照り焼き風」（ともに800円）など。一見居酒屋的な品書きだが、デキャンタで注文するシャルドネもしくはカベルネ・ソーヴィニョンにばっちり。旧オリエンタル出身のシェフが街場に開いた店の感覚の一つがまさにそれ。さすが「神戸洋食とワインの店」の看板に偽りはない。

address. 中央区三宮町3-4-3　**tel.** 078-327-7225
open. 11時～14時45分　17時～20時半　**close.** 月曜休

神戸精養軒 本店

「洋食」黎明期からつながる、ど真ん中の味

精養軒ランチ。メニューには「料理長こだわりの海老フライ・自家製タルタルソース。秘伝のデミグラスソースをかけたミニハンバーグ。温泉玉子の土佐酢ジュレがけ、サラダなど付け合わせ」とある

上の写真の海老フライ、ハムサラダと食べていってクライマックスでハンバーグへ。デミグラスソースとのバランスが圧巻

神戸一中（現神戸高校）出身の聖路加病院院長の日野原重明さんが愛したカレーライス（1400円・税込）。小麦粉のルーを使わないのでさらりとしている

煮すぎていないごろっとした牛肉がすごくうまい。カレーはあくまでそのビーフのソースなのだろう

ビーフカレーはこの姿、カレーポット（正式名称はグレービー・ボートらしい）に入れられて出てくる

神戸でも最高の住宅地にあるグラン・メゾン。灘区の山手、神戸高校の真ん前にある。

『和心』を包み込んだ創作フランス料理」と説明されているが、「精養軒」ゆずりのデミグラスソースが特徴のレストラン。明治5年（1872）創業の日本においてのフランス料理の草分けであった「築地精養軒」（p31）の料理がルーツである。

エスコフィエが近代フランス料理の体系を書いた大著『ル・ギード・キュリネール』を出版したのが1902年であり、ベギューが明治20年代に神戸で大成させたオリエンタルホテルのフランス料理がちょうど同時代にあたる。一方、東京の精養軒を見ると、パリのオテル・リッツでエスコフィエその人に師事した西尾益吉が4代目料理長であり、ベ

「さすが一流プロの料理」

ギューのオリエンタルホテルで料理長を務めた後、5代目料理長に迎えられる鈴本敏雄の明治末期〜大正時代が精養軒の黄金期だった。この2つの時代を重ね合わすと、「オリエンタルホテル」と「精養軒」の料理が、世界的なフランス料理のトレンドだったと推測される。

そう見ると、デミグラスソースをはじめとする精養軒の料理に対しての理解はどんどん面白くなってくる。つまり日本の「洋食」の黎明期からのど真ん中ラインが、その時代からここの店に伝えられるフランス料理であるということだ。

浅草生まれで「上野精養軒」出身の井上康司さんが72年に神戸のこの地で創業したのは、姉の弥枝子さんが神戸高校や同窓会館のケータリングをしていて、錚々たるOBの知己を得ていたからだ。「あたりは何にもなかった。夜は真っ暗になっちゃうしクルマも通らないし、大丈夫なのかなあと思った」と康司さん。

当時、神戸の洋食の世界には「ブラン・ドゥ・ブラン」以外はフランス料理店がなかったそうで、「三宮見ても小さい街だし。はっきり言って遅れてるなあ」と思った。また「ぐんと濃くてしっかりしている」関東の味覚と関西のそれの違いについて「この店やって、お客さん来るのかなあ」と悩んだとのことだ。だから「伊藤グリル」や「エスカルゴ」など当時のレストランを回って研究した。「伊藤グリルはシチューのガルニチュールの盛り方など、典型的な船の洋食だなあ」と思い、「エスカルゴのフランス料理は土台がしっかりしている」と感じたそうだ。

明石鯛も丹波の黒豆もある神戸の食材だが「さすがに牛肉だ」と、坂井時忠兵庫県知事や神戸の政財界、文化人が集う王子公園で行われたパーティーで「牛肉のたたき」をポン酢で初めて出して、後に大ヒットになったり、スモークサーモンを使った西洋風の寿司が大受けしたりして、「さすが一流プロの料理」と康司さんの腕が認められはじめた。

来神当初はそういう新しい変化球を投げたのだが、「やはりビーフシチューのデミです。シチューを一

4種類あるランチセットに必ずついてくる「本日のスープ」。このあたりがクラシックな洋食感覚

番大事にするわけですよ。良い店には独特のデミの香りがしています」。そのデミグラスソースは、仔牛の骨をローストするところから入り、玉ネギ、ニンジン、ニンニク、セロリのミルポワとローリエとかタイムの香辛料、赤ワインで2日間煮込んでは濾すを繰り返す。10日間かかって50リットルの寸胴鍋のソースが15リットルになるという。「フォン・ド・ボーがどんどん濃くなってきます。〝デミ〟だから半分、〝グラス〟だから煮詰めるです」。

フランスのエスコフィエの会より「オーギュスト・エスコフィエの弟子」として「正しいフランス料理を指導したこと」で授与された鍋の褒章

　とあるレストランの料理人によると「塩が入ってないのにしっかりした味がする。旨みが凝縮されている」と評する。

　この［神戸精養軒本店］の存在は、神戸の洋食レストランの系譜の厚みの一端を確実に担っている。

レストランというより個人の邸宅のダイニング・ルームという感じの店内

神戸精養軒本店

ゆったり9テーブル、ピアノがある別室も広く邸宅の空気感がある店内。平日の昼から家族でやってきて「レアのお客さま。ソースかなりはねますから」と出てくるステーキを平らげる健啖なお年寄り、親と待ち合わせてランチをいただく神戸高校のセーラー服姿の生徒など、三宮や元町では見られない食事光景がある。

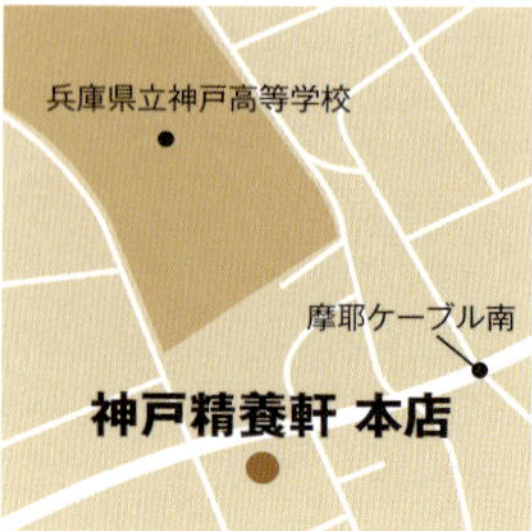

address. 灘区上野通7-4-17　**tel.** 078-871-4488
open. 11時半～14時　17時～20時半（日祝～21時）
close. 水曜休

Story 2

陸《おか》に上がった船のコック

外国への移動手段が限られていた頃、
豪華客船の厨房は最高ランクの料理人が集う場所だった。
限られた調理環境で創作された料理と共に
船を降りたコックたちの味は、今も港町・神戸に集う。

「ぶら志る丸」の料理と「グリルミヤコ」

戦前から受け継がれた外国航路の豪華客船の料理をもっとも伝えるレストランが、西元町にある「グリルミヤコ」である。

1965年にこの店を開いた創業者の宮前敬治さんは昭和6年（1931）生まれ。日本が敗戦を迎えようとする1945年、14歳の時に岸和田普通海員養成所を卒業後、飯野海運に入社し、アメリカ航路を中心に世界を回った「船のコック」だった。現在はフランスで修業経験のある2代目の昌尚さんが後を継いでいるが、まだ飛行機ではなく船が外国への主な移動手段だった時代には、豪華客船の厨房が活躍の場所であるコックたちが、料理人のなかでは最高ランクだった。

戦後すぐ飯野海運の外国航路に乗っていた頃の宮前敬治さん。日曜日はテーブルマナーもしっかりした洋食だったとのこと。最終的にチーフコックを務めた（グリルミヤコ提供）

このレストランのことは、「大阪湾パイロット」だった山瀬尋己さんが、2008年に「故宮前敬治氏の霊前にささげる」と私的に書かれた7000字にわたるコラムに詳しい。神戸を取り巻く海運や船舶の歴史や諸事情を交えながら、「陸にあがった料理人」の典型例としてまとめてみよう。

山瀬さんは宮前敬治さんの1歳下で昭和7年（1932）生まれ、1955年に静岡県清水市にあった国立「商船大学」を卒業後、大阪商船に入社する。

まず、もうその名もなくなってしまった「商船大学」とはどういう大学なのか。大正、昭和初期にかけて海運大国になった四面環海の日本は、それまで東京と神戸2校、その後につくられた清水の「高等商船学校」で外洋航路の高級船舶の航海士や機関士など船舶技術者を養成していた。敗戦直前の戦時措置によってこの三つの高等商船学校が清水に統合され、敗戦後49年に「商船大学」となるのだが、57年に本部を東京に移し「東京商船大学」に改称する。『経済白書』に表明された「もはや戦後ではない」の翌年である。その東京商船大学は2003年、長い平成不況の末に「東京水産大学」と統合され、「東京海洋大学」として現在に至っている。

1920年に官立移管された「神戸高等商船学校」の場合は清水の商船大学に統合された後、52年新制国立大学の「神戸商船大学」として独立発足した。2003年に東京商船大学と同様に、神戸大学と統合して「神戸大海事科学部」として現在に至っている。明治、大正、昭和、平成の各時代の日本の海運のめまぐるしい盛衰は、この商船学校の移管、統合を見てもよくわかる。

いずれにしても第二次世界大戦までの日本は、客船の黄金時代と呼ぶのにふさわしいくらいの豪華客船が多く就航していた。しかし太平洋戦争が始まると、客

神戸高等商船学校。建物は昭和20年（1945）の空襲で焼失した

船を含めほとんどの商船が軍に徴用され、世界に誇る日本の商船は尊い人命と共にことごとく失われた。豪華客船が空母に改装され戦地に向かったり、戦闘機能を持たない商船がいともたやすく潜水艦に沈められたりした。人員犠牲の率は陸軍8%、海軍12%に対し、商船乗組員は45%(『神戸 客船ものがたり』森隆行、五艘みどり 神戸新聞総合出版センター)。これは高等商船学校卒のエリート含め、海に出た半数弱の乗組員が帰らなかったという事実だ。海運界にとっても日本の戦争は愚か極まりない。

さて「グリルミヤコ」と山瀬さんの話に戻そう。

1955年、卒業前の乗船実習を終え「商船大学」を卒業した山瀬さんは、新卒で大阪商船に入社、「船乗りになった」。64年に三井船舶と合併した商船三井時代以降は、貨物船の「たこま丸」、コンテナ船の「ぶりすとる丸」「あらすか丸」、客船の「にっぽん丸」、自動車専用船「九州丸」、最後に「えるべ丸」の船長を歴任し、84年に「船を下りた」。戦後に海運界を復活させたとも言うべき、素晴らしい「船乗り」経歴である。

そして「船を下りて大阪湾パイロットになるための国家試験準備のため山本通三丁目にあった」大阪商船三井(64年に三井船舶と合併している)の寮住まいをしていた。60年代以前の大阪商船時代にも「建て替えられる前」の寮にいたこともあり、「当時の神戸山本通には、まだまだ異人館が沢山残っていて寮もその一つだった」と回想している。

「大阪湾パイロット」とは「大阪湾水先区に所属する水先人」のことである。外国船など大型船舶が出入港する際に本船に乗り込み、船舶を安全に誘導させる水先人は、航海士のエキスパートがなる。当時は3千総トン以上の船舶で3年以上の船長経験が必要だったことからも、その専門性と重要性がよくわかる。

港に出入りする船を仕切る水先人は、ハムラビ法典に見られるように4千年以上の歴史があるとされ、開港後の日本では明治32年(1899)に「水先法」が発布され、神戸ではオリエンタルホテルに事務所を置いた「瀬戸内海水先人組合」が明治34年に設立されている(『神戸開港百年史 港勢編』昭和47年神戸市)。

試験にパスした山瀬さんは翌85年から大阪湾パイロットを「開業」し、21年後に海の男の有終の美を飾るように「廃業」するのだが、その水先人試験準備で再度、山本通の大阪商船三井寮に居た84年に［グリルミヤコ］と出会う。

ある日、散歩の途中、たまには栄養を補給しなければ、とふと立ち寄った店のメニューにオックステール・シチュウとあって、これは珍しいと試してみることにした。

充分に煮込んだ牛のしっぽのゴツイ骨付ぶつ切りに、たっぷりとかけられたグレイビー（煮出し汁）がお皿の縁から溢れないようにと周囲をマッシュポテトで堰止めし、ブロッコリーなど野菜にパスタが添えられていた。

船乗りであって、船内食をメインとする私のそれほど豊富でない洋食経験からみても、これは本格的なテール・シチュウであった。

我々の会社の船内食では当時、夕食に司厨長が存分に腕を振るうフルコースの洋食日が週二回あって、このオックステール・シチュウは、一航海に二回、つまり往復の航海に一回は必ず出される定番メニューだったのだが、味はもとより盛り付けまで船と全く同じのオックステール・シチュウに、街の中の、それも偶然入ったレストランで出会ったこの時は、全く驚いたものである。

山瀬キャプテンがそれと認めた典型的な大阪商船スタイルの［グリルミヤコ］のオックステール・シチュー

食通の文豪や料理評論家、グルメ・ライターあたりが絶対書けない、船乗りならではの文章である。その

初代ぶら志る丸（商船三井提供）

後、阪神間に住むようになった山瀬さんは、宮前敬治シェフの懐かしい料理に魅了され、95年の阪神・淡路大震災をはさみつつ、敬治さんから息子の昌尚さんの2代にわたり「グリルミヤコ」に長く通うことになる。

山瀬さんは、日本が敗戦する直前の1945年に10代で飯野海運に入り「船のコック」として働いていた宮前敬治さんのこのシチューについて、「大阪商船の『ぶら志る丸』の名料理長だった石井弘さんから引き継いだフォン・ド・ボーに違いない。料理の匠の心がそのまま残っていたのだ」と書いている。

大阪商船の大型貨客船「ぶら志る丸（ぶらじる丸）」（総トン数1万2752トン）は、昭和14年（1939）三菱長崎造船所で竣工。姉妹船「あるぜんちな丸」とともに、神戸港を定繋港とし南米東岸経由世界一周航路に就いた。和辻春樹設計による優雅な外観と豪華な内装で、とくに「一等食堂」は村野藤吾らがデザインした最先端なものだった。

「ぶら志る丸」は大阪商船三井の寮と同じ山本通3丁目にある「海外移住と文化の交流センター（旧神戸移住センター）」にその模型が展示されているように、南米移住者の輸送にあたったことでも広く知られ

ぶら志る丸の一等食堂（商船三井提供）

ている。しかし軍靴の足音が大きくなってきた昭和16年（1941）海軍に徴用され、翌年に航空母艦に改装するため日本に向かう航海中、米軍の潜水艦の魚雷によってトラック島沖で沈没する。

先にもふれたが、1939年に勃発する第二次世界大戦までの日本は英・米に次ぐ海運大国であり、速力19ノット以上の世界最速を誇る「優秀船」が相次いで建造された。戦争に突き進もうとする日本政府は、あらかじめ戦時に徴用することを想定して、もともと商船である優秀船の建造に多大な助成金を出した。「ぶら志る丸」とその姉妹船「あるぜんちな丸」は1万2000トンクラスで21・5ノットである。

日本郵船で「龍田丸」「鎌倉丸」とともに北米航路に就航した「太平洋の女王」と称された「浅間丸」は、1万6000トンクラスで20・7ノット。豪華なレストランや喫茶室、社交室、画廊、カードルーム、美容室、さらに郵便局や銀行、デパートの松坂屋まであり、船内ではバンドのコンサートや映画、演劇、舞踏会なども開催されていた。この世界を代表する豪華客船「浅間丸」も海軍に徴用され、44年にフィリピンから台湾への航行中に潜水艦の雷撃を受けて、二度とその美し

宮前敬治さんがチーフコックとして乗り込んでいた富島丸（グリルミヤコ提供）

い姿を見せることはなかった。

「ぶら志る丸」内の一等レストラン料理長だった石井弘氏は幸いというか、日本が真珠湾を奇襲し日米が開戦する直前に退職して「ぶら志る丸」を下船していた。

宮前さんが戦後すぐに乗船する飯野海運と石井弘さんの関係もさらに奇しき出来事があった。飯野海運は太平洋戦争で日本海運界が壊滅寸前のなか「船舶運営会」の一元管理に置かれる。敗戦後、船舶運営会は占領軍総司令部（GHQ）日本商船管理局の下に置かれ、48年に戦後初の外洋商船としてのタンカーをバーレーンに派遣する。GHQの指令によるこの航海は、米軍の監督官が乗船したのだが、飯野海運にとっては外国人の便乗は初めての経験だった。当然本式洋食のノウハウがない。そこで飯野海運は、すでに陸に上がっていた大阪商船「ぶら志る丸」の名料理長だった石井さんをスカウトしたのだ。

その飯野海運のタンカー「富士山丸」に乗り込むことになった宮前さんは、そのペルシャ湾航海の厨房で石井弘シェフの料理を覚えた。

「宮前さんの西洋料理の原点は、この航海で覚えた西洋料理であり、当店自慢のシチュウの原点もこのときにあったわけである」と山瀬さんは、1歳年長の叩き上げの「船のコック」のことを書いているのだが、戦前の大阪商船の「ぶら志る丸」のレシピが、戦後すぐの飯野海運を経て、神戸も街場で今なお息づいているのがわかる。

またレシピのみならず、外国航路の船舶で働くコックたちの社会には、代々ソースやブイヨンをパスしていく伝統があった。1912年のタイタニック号の大惨事以降、「海の男」船員たちの互酬的ネットワークは強く、コックにしても同様で、「あの船のソースはうまいらしい」と聞けば、鍋を持って分けてもらいに行ったり、同じ神戸港に入った船同士のブイヨンやソースのやり取りも頻繁にあったそうだ。

鰻屋のタレのように追い足し、追い足しししているこの店のソースは、石井弘シェフが昭和の初めに「ぶら志る丸」をやめて陸に上がった際に厨房から持ってきた「そのもの」も、きっと入っているはずだという。宮前敬治さんは自身が乗り込んでいた飯野海運の「富島丸」からドミグラスソースとカレーソースを持って上がったからだ。逆にコック仲間が神戸港を出る際には、「グリルミヤコ」のソースを持ち出し、自分の船のソースに混ぜる。何とも開かれたユニークな食文化だ。

ミナト神戸の洋食物語は「昔はよかった」ということではなく、いまなお追い足し追い足しのソースのように、どんどん味わい深くなっているような気がするのだが、どうだろう。

火の使用が制限される船舶内の料理は「ひたすら煮込んでひたすら濾す」ソースが決め手。［グリルミヤコ］にて

伊藤グリルの伝統とダイナミズム

洋食。オリジンは［オリエンタルホテル］などを例に挙げて今まで見てきたように西洋料理に違いないのだろうが、現代のフランス料理やイタリア料理とは明らかに違う。洋食はもはや日本の食のジャンルのうちのひとつなのだろう。トンカツやカレーライスを思い浮かべると「準日本料理」という言い方もできそうだ。

今、神戸に現存する最古の洋食店は、大正12年（1923）創業の［伊藤グリル］だ。初代・伊藤寛氏は日本郵船の欧州航路の厨房でコックとして世界を駆け巡って働いた後、イギリスの名門［サヴォイホテル］への料理留学を経て帰国、船を下りて店を構えた。元町商店街の北側に、テーブル3つ、10人でいっぱい

元町通から南京町に入ってすぐのところにある［伊藤グリル］。昔ながらのこの街の光景

になる小さな店だった。

その直前、現大丸の南、居留地32番の明海ビル8階に［インペリアル・レストラン］という名前で店を出したが、経営が思わしくなく短期間で人手に渡った。蛇足になるだろうが当時、明海ビルは１９２１年に完成したばかりの神戸の近代建築を代表するビルディング。ここにその後入ったのが、日本で最初のフランス料理人であり鹿鳴館の料理長を務めた渡邉鎌吉の［中央亭］を祖とする［明治屋中央亭］神戸店（１９２５年開店）である。ベギューといい渡邉鎌吉といい、神戸の洋食に関しての仏料理の来歴は興味深い。

［伊藤グリル］や［明治屋中央亭］が開店した時の

明海ビル（神戸市文書館提供）

神戸は、海運国日本が有する世界屈指の港に数えられ、日本郵船や大阪商船をはじめとする外国航路の客船が頻繁に出入りした。また谷崎潤一郎に見るように関東大震災で逃れて阪神間に移住してきた文化人も多く、「阪神間モダニズム」と呼ぶ新しいライフスタイルや芸術が興隆していた。

谷崎の『細雪』で主人公・雪子の見合いの場所として登場すると思えば、「ケチやなあ、こいさんは。オリエンタルのグリル奮発しんかいな」などと会話に出てくる、［オリエンタルホテル］のレストランと同様に、まだ飛行機ではなく船が外国への移動手段だった時代、豪華客船の厨房で世界の料理を出していたコックたちのメニューが最前線で、神戸はその拠点だった。

［伊藤グリル］の客は、在神の外国人含め、船舶や海運、貿易関係の時代を代表するビジネスマンたちが多く、お互いが挨拶を交わすような顔見知りの関係が多かった。店主・伊藤寛氏は流暢な英語を話し、いつもサロンのような雰囲気だったそうだ。客はおのおの入口でナプキンを取ってテーブルに着くのだが、常連客のナプキンリングには客のイニシャルが刻まれていたという。スープ、魚料理、肉料理、デザート、コー

ランチのビーフシチュー（2800円）。濃すぎず薄くないソースの味の密度が抜群

ヒーの日替わりのコースを出し、この小さな店は連日満席だったそうだ。

太平洋戦争で店は一時閉めざるを得ず、戦後に現在の南京町に移り、現在に至っている。今や4代目で創始者の孫である伊藤享治さん（1960年生まれ）が継ぐ「伊藤グリル」であるが、シチューやステーキのディナーコースはもちろんスープが付き、ランチにも「本日のスープ」と店頭の黒板に表記されているのは、やはり伝統なのだろう。

現在の「伊藤グリル」は、「洋食店」として初代の味を引き継ぐシチュー（ビーフ、タン、テールとある）を注文する客、「ステーキハウス」として神戸牛の炭火焼きステーキ目当ての客に分かれる二枚看板のレストランだ。この炭火焼きステーキは3代目忠さん（1929年生まれ）が高度成長期に入って始めた。後に神戸牛がグルメに知られ「神戸といえばステーキハウス」が定評となるのだが、街場のステーキハウスより元来洋食店である「伊藤グリル」の炭火焼きのステーキの方が本格的でオーセンティックなビフテキとして今なお認識されているのは、やはりレストランとしての歴史がそうさせているのだろう。

店のHPを見ると、2代目の禄夫《ろくお》さんが三男であり、3代目の忠さんが次男で、順序が違うと思うが、次男の忠さんは初代を継ぐ予定だったものの一度、出奔している。その際、初代は［オリエンタルホテル］へ修業に入り腕を磨き、系列の［舞子ビラ］で料理長をしていた三男の禄夫さんを呼び戻した。ちなみにp58でご紹介した三宮［L' Ami］のシェフ土井平八さんは、仕事の一歩目が［舞子ビラ］であり、禄夫さんの下で働いていたことがある。60年代初頭のことだ。

伊藤グリルのシチューのソースが、良くも悪くもインパクトの強いデミグラスソースではなく、よりさらりとしていてまろやかな［オリエンタルホテル］流のソース（p98から述べる）だと思うのだが、それは禄夫さんが店を継いだからなのだろう。このことについてはオリエンタルの元シェフであった［帝武陣］の山田美津弘さんが「日本郵船のコックさんも、以前はオリエンタルにいたり、広野ゴルフ場の厨房にいたり、大もとは一緒」と、戦前・戦後を通じて神戸の洋食の二系統が融合してきたことを興味深く話してくれ、それを記事にしたことがある。

その禄夫さんが急逝し、次男の忠さんが再び実家の

［伊藤グリル］の炭火焼きステーキは神戸を代表するグルメ・アイテムであり、他店に類を見ない

厨房に戻り3代目となる。そして店の一角に窯をつくってステーキの炭焼きを始めた。忠さんは米軍の将校クラブで働いたこともあって、その際に肉を七輪の炭で焼いて出した経験があったからだ。

編集長をしていた『ミーツ』誌の99年12月号の特集「洋食の時代」では、「伊藤忠氏と一緒に厨房を仕切る息子の享治氏」とお二人ともコックスーツ姿で並んだ写真を載せている。記事では「20代の頃にフランスに渡って4年もの間、現代的な料理の技術を学んで帰った享治さんによって、『老舗=旧い』という図式を見事に払拭する柔軟さが含まれた」などと書いた。ただし、「フランスで学んだ料理をそのまま出すことはできなかった」と享治さんは回顧している。

実は享治さんも、父の忠さんと同様「家出したことがあるんです」と笑う。「実の親から料理を習うのは大変でした。親方なら『はいわかりました』と言えますが、親子ですからなかなか言えないですね。十年ひとむかしというのは、料理の世界も同じですよね。けれども30歳も離れた親から（伝統を）引き継ぐんですから」と語る。これは並大抵のことではない。

大正、昭和、平成と食をめぐる社会がめまぐるしく変わった時代にあって、それをくぐり抜け、祖父から叔父、父、息子と継がれた「伊藤グリル」。あと数年で創業100年を迎える。

親子連れでワインを空ける風景がこれほど絵になる店も、少なくなった。

親子おそろいで写っている『ミーツ』99年12月号の写真
（京阪神エルマガジン社提供）

日本郵船の洋食と谷崎命名の「ハイウェイ」

神戸の街場で過ごした戦後の昭和世代にとって、誰もが知る飲食店が［レストランハイウェイ］だ。日本郵船の厨房のコックが陸に上がって豪華な外国航路の食事を供した洋食店で、昭和7年（１９３２）創業。95年阪神・淡路大震災で全壊し、数回の移転後２０１０年に閉店するが、神戸でおそらく一番有名なレストランだったのではないだろうか。

トアロードと生田新道の交差点の北東側。店名は谷崎潤一郎が付けたと言われている。明るいブルーに昭和チックな書体で「ハイウエイ」と白抜きされた看板がトアロードに張り出していた。ドアには店名の「HIGHWAY」、営業時間が「BUSINESS」、定休日が「HOLIDAY」といった具合に、金色の細いゴシック体で英語と時刻数字で表されていたのを覚えている人（昭和40年代生まれぐらいまで）は多いのではないだろうか。そこすなわち、一番神戸らしい大通りであるトアロードの中ほどに移転したのは、実は60年代に入ってからで（戦中は閉店したことも）、その当時高級レストランのトレンドだった二重扉を採用していた。

わたしは80～90年代にかけて取材ほかで、［ハイウエイ］にしばしば行くことがあった。何度か撮影させていただいた「フィレットビーフカツレツ」、常連だった小出楢重デザインのハイカラなマッチをよく記憶し

トアロードに面した扉にあったサイン。
（『ワンダフルコウベ96』より）

ている。また「浅間丸」に代表される日本郵船の外国航路の厨房で腕を振るっていた大東八郎さん自らがタイプライターを打ったという、英文のメニューも見せてもらったことがある。

わたしが編集した88年のグルメガイドでは、以下のように書いている。真っ直ぐな料理の記事だ。

看板は、なんと言っても但馬牛を使った肉料理だ。ハンバーグ（２２００円）もテンダーローインステーキ用の肉を惜しげもなくミンチにかける。驚くほどなめらかでソフト。それでいて、肉の旨味が十分に生きている。ソースは自慢のブラウンソース。濃い塩味でごまかしたりしない。肉汁や野菜などを15日間も煮込んだ傑作だ。オニオングラタンスープ８００円、シチュービーフ２２００円など。

最後に取材したのは『ミーツ』誌99年12月号で、「港町の洋食物語」というタイトルの特集だ。これも引用してみよう。

昭和モダニズムにおける洋食が、この店自身の歴史ともいえる古豪。大東正信氏が現在の生田ロードの「フーケ」辺りに昭和7年の春、開店。翌年、氏の健康上の理由により兄である八郎氏が、文化人の要請もあって、日本郵船の外国航路から上がることとなる。以後、豪華客船の伝統を着実に神戸に浸透させてきた。２代目の娘婿である3代目は関西各地のレストランで修業を積むが、その時に教わったのがまた日本郵船の外国航路の料理長…と伝統とは守られるべくして、守られる。病床の谷崎潤一郎が京都から使いをやって求めたというコンソメスープ（７００円）も、現在ではホールを仕切る娘さんの恵子さんがニッコリ出してくれる。

「フィレットビーフカツレツ」の写真に付くキャプションは以下。

24時間じっくり煮込んだ後裏ごししたトマトソースをかけて供されるフィレットビーフカツ４０００円。震災後、仮店舗でいったん移転。そしてまたトアロード沿いの元の店に見事に返り咲いたのがこの店舗。

日本郵船神戸支店。大正7年竣工。設計は神戸栄光教会も造った曾禰・中条建築事務所（神戸市文書館提供）

この店の特徴を語る際に必ず登場する「日本郵船」は、岩崎弥太郎の海運事業の発展型である三菱会社を祖とする国策海運会社であり、明治26年（1893）に日本で初めて外国遠洋航路の神戸―ボンベイ航路を開設する。就航船は後に香港から亡命する孫文を神戸まで乗せたことでも有名になる「廣島丸」であり、途中、香港、シンガポール、コロンボに寄港した。日本の船舶による世界海運航路網はそこから1900年ごろまでにできあがる。日本郵船はその先駆となり、欧州、北米・シアトル、豪州、香港―バンコクの各航路を開設。東洋汽船は南米西岸航路、大阪商船が香港―タコマ（米ワシントン州）航路と相次ぐ。

20世紀半ばになって交通手段が飛行機に変わるまで、世界を股にかけて政治、経済、文化を結んでいた長い船旅の食事や晩餐が、船から陸へ移ることによって、たぐいまれな神戸の洋食の文化として結晶したのがこの店だ。こと日本郵船の料理に関しては、前々章でも触れた「太平洋の女王」と称された「浅間丸」のそれが、すなわち「ハイウエイ」の洋食である。浅間丸は1929年に竣工、まるで当時の欧米にあった高級ホテルをしのぐような1万6975総トン、全長170メートルの豪華客船で、レストランやカフェ、エンタメ、ショッピング、スポーツの各施設、郵便局や銀行まであった。処女航海でロサンゼルスに寄港した際に一般公開され、その時に観衆3万人を集めたという客船だ（『神戸 客船ものがたり』森隆行、五艘みどり

浅間丸 最初の航海時の様子。大阪にて（日本郵船歴史博物館所蔵）

神戸新聞総合出版センター）。

１９０１年生まれの大東八郎さんが浅間丸を下りて［ハイウエイ］に入ったのが１９３３年であるから、まさにその時の栄華と流行がそのまま神戸で体験できたのだ。当時を代表する作家の谷崎潤一郎や画家の小出楢重らを魅了したのもよくわかる。

［ハイウエイ］なき後も、日本郵船スタイルの洋食が大東八郎氏の次男である二郎さんの［ビストロ・ジロー］で、今なお食べられるのは特筆すべきことだ。トアロードの浜側、三宮神社を北東に入ると白い丸看板に墨文字の「ジロー」というサインを目にする。店は二階にあるが一階入り口には、

「父より学び、受継いだオニオングラタンスープ日本郵船風　一度ご賞味ください」

「エダムチーズを混ぜたパン粉をまぶし、それを油で揚げずにフライパンにて少量の良油で焼き上げますフランス風カツレツ」

「えー、とこれがコロッケとおどろくようなそんな…　コキール風　パン粉のまま焼き上げます　浅間丸風カニのクリームコロッケ」

と、店主筆書きのメニュー紹介があって特徴がよく

浅間丸のギャレー（厨房）の様子。ボイラーの蒸気を使う調理ぶりがうかがえる（日本郵船歴史博物館所蔵）

わかる。1944年に雷撃を受け、沈められた「浅間丸」の料理を知る人はもはやほとんどいないと思うが、「ハイウエイ」の料理を知る人にとっては、まさに感激ものだろう。

「ビストロ・ジロー」は1984年創業。44年生まれ（折しも浅間丸が撃沈された同年だ）の二郎さんは、それまでの役所勤めを辞め、74年から10年間父八郎さんの下「ハイウエイ」で修業を積んだ。父親とはいえ船の料理人は職人気質の固まりだった。しばらくフロアとトイレ掃除、食材などの買い出しばかりで「料理などさせてくれなかった」。言われると「なんでもハイ」であり、料理は「教えてもらったことがない」。「何してるんやろ」と横で見て覚えるしかなかった。旧オリエンタルホテルの厨房しかり、この時代の洋食はここでもレシピではなく徒弟制によって伝えられている。

コンソメからつくられエダムチーズを載せてオーブンに入れられる「オニオングラタンスープ」は、重くて分厚い陶器で出てくるが、これも八郎氏が愛した浅間丸ゆずり。古い常連が「（焼けたチーズで）上顎を火傷しないと食べた気がしない」と言わしめる仕上がりだ。初めての客に「えっ？ コロッケ注文したんで

浅間丸の一等食堂（日本郵船歴史博物館所蔵）

すが」と訝しがられる「浅間丸風カニのクリームコロッケ」は油で揚げることなくオーブンで焼かれる料理だ。

煮込みとオーブンを使った料理、ここの「フィレットビーフカツレツ」のように大量の油で揚げずにフライパンで焼く料理が基本なのは、船舶内の厨房の狭さと防火上のことがあったからだろう。それらの洋食が、堅固な様式として残っているわけだ。またクリームコロッケにしろビーフカツレツにしろ、イタリア料理とはちがったトマト系ソースが使われていて、そのあたりがデミグラスソース一辺倒的洋食でなく、日本郵船スタイルなのだろうと思うのだが。

ちなみに店舗設計の際に空間設計者がつけた「ビストロ」という名称は、今はすっかり知られたフランス料理店の形態だが、「洋食屋」たる次郎さんは、「最初はその意味がわからなかった」とのこと。それで「ハイウエイ」のスタイルは旧いと思ったので、最初からライスはお茶碗で出し、漬け物も付けた」とのこと。ご夫婦で切り盛りするカウンター主体のアットホームなお店で、まさに和洋折衷の「ビストロ」スタイルだが、「新しもの好きな神戸人」を象徴するような、80年代の逸話としてもユニークだ。

［ビストロジロー］のフィレビーフカツレツ。「フランス風カツレツ」と記されているが、もっとも日本郵船らしい料理かと

［ビストロジロー］の浅間丸カニのクリームコロッケ。こちらは「パン粉のまま焼きます」とのこと

店に入るための階段下にはこのような味わい深いメニュー書きが

神戸の洋食とデミグラスソース

神戸の洋食に限らず、洋食のスター的存在はデミグラスソースだ。どこの店にいってもトンカツはもちろん、ハンバーグにも使う。シチューやハヤシライスも。新開地の［グリル一平］の有名なオムライスはデミグラスソースが特徴。1933年創業の三宮の［グリル十字屋］は「スープとカレー以外はすべてデミグラスソースです」（3代の杉中寛子さん）というように、デミグラスソースは神戸の洋食にとって最重要アイテムである。

ではデミグラスソースとは、そもそもどういうソースなのか。

1902年に出版されたオーギュスト・エスコフィ

［グリル一平］のオムライス。主役はデミグラスソースであるといえる

エの大著『料理の手引き』（五島学訳／ネット上で公開）を見ると、「1・ソース／基本ソース」の節「概説」で「ソース・エスパニョールをさらに丁寧に仕上げるとソース・ドゥミグラスとなる」とふれられ、「ソースのベース作り」「ルー」の後の「基本ソース」の節で、「ソース・ドゥミグラス」の項があり以下のように書かれている。

一般に『ドゥミグラス』と呼ばれているものは、いったん仕上がったソース・エスパニョールをさらに、もうこれ以上無理という位に徹底的に不純物を取り除いたもののことだ。

なるほど「ソース・ドゥミグラス」は「ソース・エスパニョール」をドゥミ（demi）半分、グラス（glace）煮詰めたものなのだ。

ソース・エスパニョールは「基本ソース」のトップにレシピが詳しく出ている。「その完成度の高さゆえ成功をおさめた」「古フランス料理の基本の大ソース」の一つであり、短くまとめられている『ラルース・フランス料理小事典』（柴田書店）を援用すると、「まず roux blond（キツネ色のルー）をバターと小麦粉で作り、ブイヨンをそそいで半分の量になるまで気長に煮詰め、漉してから、肉汁と glace de viande（肉汁を煮詰めたもの）を加える」とされる。［注］が加えられていて、「エスパニョル・ソースは、他の多くのソースを作る際の基本となるところから「ソースの母」ともよばれる」とある。

［グリル十字屋］の味わい深いシチュー。はじめて食べたときの「これかぁ」という納得のような感動を思い出す

［グリルミヤコ］の現シェフ宮前昌尚さんは、90年代に約5年ブルターニュの［ジョルジュ・ペノー］、トゥールの［ジャン・バルデ］そしてパリのレストランと、フランスに修業に出た経験があるが、「ソース・ドゥミグラスは、本国のレストランではほとんど見られない」という。

［グリルミヤコ］のテールシチュー。
船舶由来のレストランの洗練の極みだ

『リヨンの料理人 ポール・ボキューズ自伝』（晶文社）を訳した大阪あべの辻調理師専門学校の須山泰秀さんも長く辻調のリヨン校で教えていた。デミグラスソースが見られない理由は3つあり「ソースに軽さを求めた70年代以降のヌーベル・キュイジーヌの流れの中、重厚なデミグラスは廃った」「手間がすごくかかり、高くつくこと」「完成度が高すぎるゆえ料理の味が決定され、アレンジできないこと」。それゆえ「今のフランス料理ではまず使わない」と教えてくれた。

けれども神戸では、そのデミグラスソースがしっかりと受け継がれ、洋食の主役として君臨している。どの店でも共通するのはたくさんの材料と手間がかかることだが、各店舗そのルーツは違えど伝統を守りつつ、時代に対応した美味しさを創造している。「変わらないまま進化し続けるソース」とでも言うべきか。

元大阪湾パイロットの山瀬さんの言う［グリルミヤコ］の「味はもとより盛り付けまで船と全く同じのオックステール・シチュウ」は、大阪商船「ぶら志る丸」の名シェフ石井弘さんから飯野海運のチーフコック宮前敬治さんに伝えられた。そのようなデミグラスソースが神戸では何気なく食べられる。

ちなみにここのシチュー類は周りにマッシュポテトがあしらわれているのが特徴。これは船が揺れてソースがこぼれないようにするためのスタイルだ。

山瀬さんが「言えばドライカレーでも何でもつくってくれて最高だった」と絶賛する敬治さんの料理技術はもちろん、ビフテキやカツレツにかける「ソースをレードルで掬い、皿にさっと注ぐのが美しくて誰も真似できない」（娘の香里さん）という名人肌だったけれども、レシピは「オヤジはなんでも『だいたいこれぐらい』と勘でやってました」と2代目店主の昌尚さん。フランスから帰った昌尚さんは、そのソースを「一番」から「四番」まで分節し新たにレシピ化している。

まず大きな寸胴鍋の「追い足しのソース」は、ルーが加えられない前のフォン（ブイヨンと思っていい）だ。牛テールなどシチューの食材＝肉は、フライパンで焼き色をつけてここに入れられる。タンだけはテールやほほ肉を炒めて残った脂で香味野菜を炒めてトマトピューレ、スパイス、水を加えて煮込んだあと、熱いうちに皮をむいて寸胴鍋に入れる。

それらの肉は6～8時間煮込まれ、火を止めて次の日まで寝かす。そうすることによって、冷めるあいだに肉や香味野菜の旨みやスパイスの香りが、食材に戻るのだ。冷めた肉を取り出したその寸胴鍋のフォンが「一番」ソースだ。狭い船内で寸胴鍋の追い足しは、シチューの食材の肉そのものの旨みも加わる合理的なものだ。

デミソースにとろみをけるためのルー。［グリルミヤコ］はこのようなフライパンでつくる

その「一番」ソースのアクを丁寧にとりながらきっちり火を入れ、粗い網で濾したものにブラウンルーでとろみをつける。ルーは「オヤジの時は強力粉だったけど、最近良いのがないので関東の（メーカーの）中力粉」を牛脂やフライを揚げたあとの油で炒めてつくる。「（よそのは）だいたい焼き過ぎなんだよ」と敬治さんはよく言っていたとのこと。これが「一番」ソース。「ハヤシライスにすると旨いんだよ」との敬治さんの

［グリルミヤコ］の少し水でのばしてうすくした三番ソース。これを料理に合わせてアレンジする自在のソース

言い伝え通り、このハヤシライスはメニューにある。

二番ソースをさらに細かい濾し網で濾して味付けしたソースが「三番」ソースで、この三番のデミグラスがハンバーグやヘレカツにかけているデミグラスのベースになる。シチューにだけ使う「四番」ソースはこの三番をさらに濾したもので最低1週間かかる。別の鍋でつくられる「二〜四番」のソースも、その都度「追い足し」しているとのこと。ここのデミグラスソースは「四番」ソース自体を食べるシチュー、「三番」のハンバーグやヘレカツ、ビフテキにかけるソースと変幻自在だ。こちらは最終的に料理にかけられる前に、ケチャップやタバスコを加えアレンジする。なんとまあアメリカン、などと思うが、これまた流行りのフレンチなど寄せ付けないなあ、と思うぐらいうまい。また、まったく胃にもたれない洗練の極みのソースだ。

ソースは阪神・淡路大震災時、敬治さんが倒壊した建物から奇跡的に運び出し、再開まで冷凍して保存した。これも戦前の鰻屋的だ。

「旧オリエンタルホテル」で「デミグラスソース」と呼ぶものは、前にもふれたがビーフシチューには使わない。ステーキのソースとしてだけに使われた極めて贅沢なものである。［Sion］オーナーの一枝淳治さんが、「旧オリエンタル3人衆」の手でビーフシチューの復活を実現しようとしていたころ、「シチューを作る際にしばしば『デミソース』と言うと、『デミ、デミと気安く言うが、オレらのほんまのデミは（手間も時間も材料も）どんなけかかるのか、分かってるのか』とよく怒られましたよ」と笑う。「かれらは本当の『デミグラスソース』と『ビーフシチューのソース』とは、まったく違うものと思ってます」とつけ加える。

それらオリエンタルホテルの料理が確立していくのは仏人ベギューが料理長を務めた明治20年頃、すなわち1887年頃だから、1902年のエスコフィエ『料理の手引き』をさかのぼること15年。この事実にも注目したい。

ソースのレシピは神戸生まれ神戸育ちのライター宗田洋子さんが、厨房で50年勤め上げた音武夫・元シェフの2009年の取材で残している。

牛骨とスジ肉をオーブンで数時間焼き、同様にキツネ色に焼いた香味野菜、トマトピュレ、鶏ガラや牛スジでとったブイヨン、水とともに大きな寸胴鍋に入れ、オールスパイス、ナツメグ、タイムを加え煮込むこと5日。小麦粉とバターで炒めたブラウンルーを加え、さらに2日。漉してアルコールをとばした赤ワインで1週間の手間をかけて仕上げる。

1933年開店の［グリル十字屋］のデミグラスは、雲仙のホテルでオランダ人シェフの下で習得した「祖父の味を2代目、3代目としっかり受け継いでいる」ものだ。

「牛スジ、牛骨、鶏ガラを焦げ目が付くぐらい炒めるところから始まり、ブイヨンに入れて煮込み、炒った小麦粉を合わせてさらに煮る、漉すを繰り返して3日間」。これに赤ワインやスパイスを加えるなどして使い分けている。

［伊藤グリル］ではシチューに使うソースは、「ブラウンソース」と呼び、名前の通り茶色い。仔牛の骨からとるフォン・ド・ボーとデミグラスソースの中間で、さらりとしたまろやかなものだ。これは2代目の伊藤忠さんがアレンジしたもので、20代で4年間フランスに修業に出た4代目の享治さんは、さらに玉ネギを炒めたものとトマトペーストを加えて再び煮て、甘みとこくをプラスしている、とのことだ。『あまから手帖』2009年7月号のインタビューには「洋食は洋風の日本料理。フランス人が食べても美味しいと言ってくれる味だと思う」と語っている。

［伊藤グリル］のディナーでのビーフ・シチュー。現代的に工夫したデミグラスソースの発展形かと

「本物の経験」が
出来る店
食べ歩き不要の
〝船旅〟へ

グリルミヤコ

牛テール（2800円）、ビーフ（すね肉／ 2200円）、牛タン（2400円）の
3種あるシチューのなかで、もっとも軽い味わいがタン・シチュー。
その日の気分で食べ分けることにしている

2人ならオードブルが量的にしっくりくるので絶対注文する。ワインが飲みたいこともその要因

フランス料理店ではスープを省略されていることが多いが、始めのポタージュを加えることで懐かしい洋食となる

船から陸に上がって65年に開店した宮前敬治さん。船のコック時代に呼ばれていた「ミヤ」に、先輩ばかりで年少だから「子」を付けて店名にした。場所はハンター坂の「にしむら珈琲店」の北あたり、震災まであった関西を代表する名パブ「ダニーボーイ」のすぐそばだった。

店は2回移転の後、昌尚さんと姉の香里さんの代になり元町に落ち着いた。前の中山手通2丁目にあった店もよく通ったが、現在のロケーションの方がミナト神戸の洋食屋っぽいと思う。

さてここの料理、81ページで大阪商船三井の船長だった山瀬さんが書く「オックステール・シチュウ」と牛ほほ肉、タンの3種のシチューは、「本物の経験」としてぜひいただきたい。ソースが船の揺れでこぼれないように周りを囲んだマッシュポテトとスパゲティをデミグラスにからめて食べるのも忘れずに。またライスにも合う。

10年、20年と通ううちに、オードブル（1350円・税込。以下同）、ポタージュ（650円）そして海老フライやハンバーグ（各1400円）、カレー、ハヤシの両ライス（各1200円）…とひととおりそれも反復的に食べたが、和牛ヘレステーキドウミグラスソース（4000円）

1〜4番の状態のソースの入った鍋がこのように並んでいる。ロゴ入りの鍋は実にカッコいいなあ

とカキフライ（1400円）が大好物だ。

　創業者・敬治さんが「デミソースで一番いちばんうまいのはビフテキ」と言っていた。それはもちろんデミソースの洗練があるからだが、ステーキハウスや焼肉店とはちがうソースによる「肉汁のダシ的」うまさが特徴かと。

　カキフライは大量にシチュー用にテールを仕込んだときに取れるヘット（牛脂）を使ってくれる。ヘットは味わいに満ちた油で融点が高いから、牡蠣が格別の状態で揚がる。

カキフライはヘットがある時にあたるとラッキー極まりない。いくらでもお腹に入る勢いで食べられる

値は張るがさすがにうまいビフテキの「和牛ヘレステーキドゥミグラスソース」。これしか食べないグルメがいるとのこと

「ぶら志る丸」など大阪商船の流れを汲むレストランは稀であるが、メニューにない骨付きのポークチョップ×デミグラスや香住のズワイガニが入ったときのマカロニグラタンなど、調理法やブイヨン〜ソースが限られる船の厨房から結晶したかのような料理の数々のひと工夫は、イタメシだ和食だとあっちこっちと食べ歩くことを必要としない。

パリでの修業経験のある昌尚さんは自身の伝統のソースを「旧いソース・ドゥミグラスとは違う趣向のもの」と説明するが、よその洋食店とも似ているがはっきり違うデミソース。ワインともビールともスコッチとも合うのが「船舶由来」のものだと思ったりもする。

2代目宮前昌尚さん。三宮で生まれ育ったセンスがよく分かるお人柄

お姉さんの香里さん。初代のおかみさん佐津子さんに似てきたなあ、という古い客が多い

グリルミヤコ

2代目宮前昌尚さんと香里さんの弟姉コンビが切り回す、実に入りやすく出やすい、ミナト神戸らしい洋食店。カジュアルだがどこか客船の感じがする店内は、カウンターとテーブル席のバランスが良い。

address. 中央区元町通5-3-5　**tel.** 078-362-0168
open. 11時半〜14時　17時半〜20時　**close.** 金曜休

ステーキ目当てで店に着くと「きょうは特別良い肉が入ってます。炭火焼きステーキコース200グラムどうですか」と薦められて「それ、いっときますわ」。文句なしにうまい

伊藤グリル

ジャケットを羽織って楽しみたい正統派

「グリル」と称するが、この店は正真正銘の「レストラン」である。「神戸の名店」ということで指折りされる、格式と実力を誇る料亭や割烹、仏伊レストラン、北京料理…のなか、洋食では随一の店舗だ。テーブルクロスにナプキン、左右にスプーン、フォーク、ナイフの正統洋式レストランであり、すべてのコースがオードブル、スープから始まる。

メニューはこのところ「炭火焼きステーキコース／黒毛和牛フィレ

アミューズが出てくる。このあたりの感覚はフランス料理なのでワインが要る

フレンチではもはやそうではないが、スープがないとコースという気がしない

ステーキ150g」（1万1000円）「神戸牛炭火焼きコース／神戸牛ロースステーキ150g」（1万2500円）といった、50g刻みのステーキディナーコースがメインに位置づけられている。

「洋食ディナーコース」は「神戸ビーフシチュー」「タンシチュー」、数量限定の「ビーフカツレツ」（各6000円）といった絞りきったラインアップ。気軽な洋食は、階下の姉妹店の「アシェット」でどうぞ、といった具合なのだろう。

ここ「伊藤グリル」では、2人で行ってステーキとビーフシチューかビーフカツレツの各コースを注文してシェアする、というのが良い。アミューズが出てきて「おっ、フレンチみたい」となり、さらに趣向が凝らされたオードブル、非の打ち所無しのスープ。そしてメイン。

2人で行ってステーキとビーフシチューのコースをひとつずつ。大満足コースなり

オードブルは自家製ハム。すごくうまくて親しみやすいのが洋食店の真骨頂

「やはり肉は焼き立てでないと」

客席から見える炭火窯で焼かれるステーキは、いわゆる「神戸のステーキハウス」を含め、他所とは違うな、と唸る逸品。やはり肉は焼き立てでないと、とこの日のおすすめのカリフォルニア赤ワインを交互に飲みながらつくづく思う。

デミグラスとは少し趣向が違うブラウンソースのシチューは、肉の味がしっかりというか長すぎない煮込み加減。衣を付けてフライパンで焼いてオーブンに入れるビフカツは正統日本郵船スタイルの料理だ。

フロア・スタッフのこなれていて粋な接客ぶりは快活で、「純ミナト神戸流」とでも表現したいもの。一見で行って皿の上のものだけで評価しようとする本邦のミシュラン的な客を寄せ付けない。

そろそろ創業百年。久しぶりにきちっとジャケットを羽織って、という気にさせられる数少ない店だ。

店主の享治さんによってカウンター内のグリルで炭火焼きされる。この店ならではな待ち遠しい瞬間だ

デザートまで手がかかっているのがわかる。今日もおいしかったと満足

伊藤グリル

テーブルや椅子、窓をドレープで被うカーテン、さまざまな調度品が醸し出す老舗レストランのムードは、新しいフレンチやイタリアン、ホテルのメインダイニング…では決して感じられない類のもの。昼も独特の空気感で、洋食ランチのビーフストロガノフ（2800円）、ビーフカツレツ（3800円）などをわざわざ食べに行きたくなる。

address. 中央区元町通1-6-6　**tel.** 078-331-2818
open. 11時半～14時（L.O）17時半～20時半（コースは20時L.O）
close. 水曜休

カリー味善

看板メニューは、伝統から生まれた隠れメニュー

「カレーストリート」などと新聞に紹介された花隈本通り、山手幹線から栄町までの坂に7~8軒のカレーショップがある。その中でも「ずば抜けてうまい」と評判の店だ。というかこの店のカレーはいわゆるカレーとは少し違う。

当主の岡本美代子さんは、下山手通4丁目にあった「グリル味善岡本」のシェフ博行さんの奥さん。味善はお二人でやっていた。博行さんは「伊藤グリル」出身だ。

美代子さんによると、博行さん

「ザ・ビーフカレー」と呼ぶにふさわしい姿。超弩級の神戸牛を食べる一皿だ

花隈の坂道に溶け込んでいる和建築の店。うっかりすると見過ごしてしまう

は10代後半の頃、3代目シェフ伊藤忠さんに「オレに付いてこい」と言われて京都から神戸に来た。その下で「徹底的にしごかれた」。

炭火焼きステーキは、伊藤グリルのメニューに新たに取り入れた当事者の忠さん。博行さんは、ほとんどビーフやタンシチューの煮込みを担当していた。伊藤グリルが96年に忠さんから4代目の享治さんに代替わりするタイミングで独立するのだが、忠さんの右腕として24年働いたことになる。「下のコックが、誰の言うことを聞いたらええんや」となるのを避けるように店を出た、という職人気質のシェフだ。料理人として脂ののりきった43歳だった。

このカレー専門店は、03年に「味善岡本」の2店舗目として「隠れメニューだったカレー」を専門にオープンした。その昔、伊藤グリルでも「常連のオーダー」で出していた裏メニュー的なものだ。シチューのプロフェッショナルだった博行さんに伝承された「ほかのコックさんは知らないじゃないの」というものだ。また、かれは客の顔と料理の好みを全て覚えていた、という。

和洋折衷のカフェ風の店内。なごめる空気感ゆえ一人客も多い

サラダは鴨のスモークをチョイス。こうなるともちろんワインだろう

カレーというより「カレー味のシチュー、ライスつき」というべきこの料理、大きな特徴は小麦粉をバターや油脂で炒めるルウは使わない。みじん切りの玉ネギほかの野菜をカレー粉でじっくり炒め、鶏ガラのスープでひたすら煮込み続けたもの。「材料を3kgほど寸胴鍋に入れて、バナナやトマト、ココナッツなんかも入れて煮込むんですが、出来上がりは1kg少しです」と見せていただいたカレーはまるで味噌状態。

「肉の中にカレーが溶け込んでいる」

おもわず歓声が出てしまうビーフカレー。カレーに約2千円はどうだろうと一瞬思うが絶対注文したい

「とにかく手間だけです」という工程は5日間。別の鍋で仕込む「肉屋さんがこのカレーのためだけに出してもらっている」神戸牛は、「十何kgのを切ってもらって」コンソメで8時間煮込む。

カレーは客に出す前に牛肉と合わせ、牛乳でのばす。その際に黒蜜を少し加え、辛みがほしいという客には唐辛子を足す。「クミンなどインドカレー系のスパイスは使っていません。何でか？　夫に聞いたこともありません」と美代子さんは笑う。

なんというか「肉の中にカレーが溶け込んでいる」状態。そしてさらに入っているのが大きなビーフで、ごろりと5センチ角×2。ほろっとスプーンで崩れる。驚くほどマイルドで胸にもたれない。これが煮込みの真骨頂だよ、と雄弁に語っているような、伊藤グリル伝統の素晴らしい一品料理である。

店は岡本美代子さんお一人できりもり。「カレーというより煮込み料理です」

カリー味善

岡本美代子さんが一人で仕切っている。半円形のテーブル2つで10席。京都人のご夫妻が京都から取り寄せたという水屋箪笥が渋い。ビーフカレー1780円（税込。以下同）。鴨、生ハム、オイルサーディンから選べる特別サラダつき。手羽カレー、ポークカレー、ハヤシライス（各1080円）もある。平日ランチ限定の和牛すじとろカレーは800円でお得。

address. 中央区北長狭通5-8-1　**tel.** 078-341-7450
open. 11時半～15時　17時半～19時
close. 木曜休（日・火曜は夜の営業なし）

船舶の伝統であるオーブンで焼く、浅間丸風カニのクリームコロッケ（1500円）。「揚げもの」ではない独特の風味

ビストロジロー

神戸で洋食を食べるということ

昼からオニオングラタンスープを上顎をヤケドしながら食べて、エダムチーズを施したパン粉のビーフカツレツか浅間丸風コロッケへ。もちろんビールもワインもどちらもいただく。そういう食べ方をしているのだが、現在進行形トレンドなフレンチやイタリアンがどうしても出せないモダンな味だといつも思う。

店内は真空管のアンプのオーディオシステムが置かれていたりで、旧いミナト神戸の喫茶店を思わせる造り。大東さんご夫妻のみでやっていて、時々料理の手が空いた二郎さ

オニオングラタンスープ（1500円）。
すごく手がかかっているコンソメからの料理

舌平目のムニエル（2000円）。明石～近海産のもの。
神戸は魚に恵まれていると実感

んに洋食とフランス料理の関係性をおたずねしたり、大変アットホームな雰囲気でなごませてくれる。90年代に北野で先代がやっていた頃の「グリルミヤコ」もこういうのだったと記憶している。神戸の洋食レストランで食べる空気のひとつなんだろう。

とある夜、「今日のはいいですよ」と薦められた舌平目のムニエル。「これはデカい舌やなあ」と思わず声が出るぶ厚さ。パン粉の具合、火の通り方（これもオーブン焼き）。そしてつくりたてのたっぷりなタルタルソース。エスコフィエもかくやの申し分のない古典的なフランス料理だと思った。

ワインはロゼ・ダンジュ、ミュスカデ、ボジョレー、シャブリ、サンテ・ミリオンのフランス勢（１８００～３０００円）、ドイツモーゼルのピースポーター（２０００円）とのみメニューに書いてある潔さ。すべてハーフボトルが用意されている。シェリーはサンデマンのドンフィノとドライ（各５００円）。チンザノのドライ・ロゼ・ロッソのベルモッ

出来たてのタルタルソースとリーペリン・ウスターソース。
まさに正統的

ト、カンパリ・ソーダやジン・トニック…。

　90年代前半にノルウェー船籍客船の旅をしたことがあるが、まさに「そういう感じ」だった。

店内には浅間丸の額があって概要が説明されている。じっくり読んでしまう

1階の階段横にある手書きのメニュー。
じっと見入ってる若いカップルを発見

親しみやすいレトロで和チックな看板。
84年開店当初時代感覚が伝わってくるようだ

ビストロジロー

神戸ならではの空気感があるカウンター 8席だけの店。フランス人や京都人のグルメを案内したり、はたまたバブル崩壊前まで神戸商船大学だった神戸大学海事科学部の4回生あたりを連れて行って食べさせてやろう、などといつも思う。

address. 中央区三宮町2-9-2　イシダビル2F
tel. 078-331-3607
open. 11時半～14時半　17時～20時頃　**close.** 火曜休

Story 3

受け継ぐ味、進化する味

イタリアンともフレンチとも違う「洋食」は、
今や日本の料理の一大ジャンルとして根付いた。
神戸における現在進行形の洋食は、
新たな系譜を生み出そうとしている。

最新の洋食と伝統の洋食

西宮北口の兵庫県立芸術文化センター内にあるレストラン［テアトル・ル・ボア］は、［神戸北野ホテル］のグランシェフ山口浩さんが手がけている。

その［テアトル・ル・ボア］は、前［イグレック・テアトル］で、２０１７年５月に業態変更したものだ。フレンチの［イグレック・テアトル］が「洋食」の［テアトル・ル・ボア］へ、というニュースに多くのメディアは飛びついたのだが、さすがに地元神戸〜阪神間のグルメな客を知りつくす山口シェフだ。［あまから手帖］誌の18年3月号で、「山口浩シェフに訊く　なぜ、いま洋食」とのインタビュー記事が出ていて、以下のように語っている。

西宮北口駅からほぼ直結で徒歩5分。芸術文化センターのコンサートなどの催しがらみではなく、このレストラン［テアトル・ル・ボア］が目的で行く人も多い。阪神間で最も良いレストラン空間だといえる

バブル時代を経験してきた団塊の世代は、若い頃にさまざまなシーンでフランス料理を経験してきた。レストランとビストロの違いも知るかれらが、何を食べたいのか？　それは安心・安全とともに慣れ親しんできた洋食だ。長くフレンチをやってきたが、残念ながら若い世代はフレンチに馴染む環境が薄らいでしまっている。時代の流れにあわせてその一部を「洋食」へシフトした。

実際ル・ボアのメニューには、ハンバーグや海老フライ、グラタンなどが並ぶ。ドリアについては［横浜ホテルニューグランド］初代総料理長のサリー・ワイルが考案した料理で、孫弟子にあたる山口氏は、修業時代に食べて「本当に美味しい」と思った40年近く前のレシピをベースにしている、とのことである。「海老のブリブリ感やマッシュールームの旨みは今も記憶にあります」と語っている。

日本の洋食界の発展に多大な影響を及ぼしたワイルはスイス人で、フランス、スイスをはじめ各地のレストランで活躍し、船舶の料理人を務めたこともあるという（まったく神戸の洋食の系譜を一人でやったような料理人だ）。

横浜の［ニューグランド］は関東大震災で崩壊した［グランドホテル］の全国的名声をもう一度、とのことで震災復興のシンボル的ホテルとして建てられた。震災4年後、昭和2年（1927）に完成している。

震災を挟んで日本を代表したこの新旧二つのホテルは直接的関係がないといわれている。けれども明治20年代に神戸に根をおろして［オリエンタルホテル］社主兼料理長として世界的名声を得るようになるルイ・ベギューは、明治6年（1873）オープンした［横浜グランドホテル］の初代料理長である。

エスコフィエによる大著『料理の手引き』の発行が1903年であるから、ベギューの仏料理はエスコフィエと同時代であり、ここにエスコフィエに傾倒したとされるワイルの料理との共通点は多いと見るのが妥当だ。

実際、80年代から日本のフレンチを牽引してきたグランシェフ・山口氏は、18歳からデミグラスソースやモルネーソースと、エスコフィエ時代を代表する偉大なソースをつくってきた。「身体で覚えていて、その味の良さがわかります」と象徴的なことを発言しているが、それこそが明治~大正~昭和とかけて発展してきた「日本の洋食」である。

「今の若い料理人はベシャメルやモルネー、タルタルといった、料理の根幹みたいなソースを知らない人が結構いる」と指摘する山口シェフは、「見た目こそ昔ながらの洋食ですが、21世紀の洋食だ」とインタビューで締めくくっている。開港以来の神戸の洋食の系譜はこのような現在進行形で時代とつながっている。

神戸の洋食を語る時に、どうしても外せない店が「グリル十字屋」である。昭和8年（1933）創業、長崎の外国人の保養地だった雲仙のホテルでオランダ人シェフから手ほどきを受けた洋食だ。「オリエンタルホテル」でも日本郵船や大阪商船の「船舶の洋食」の系譜でもない。

神戸市役所近くの三宮側旧居留地にある［グリル十字屋］はまさにこのロケーションならではな店構え。向かいの北京料理のグランメゾン［第一樓］とともにこの界隈の性格を決定づけている

初代の松尾惣治朗氏は3代目現店主の杉中寛子さんの祖父だ。寛子さんは、「80歳を過ぎても、高ゲタを素足で履いて料理していました。わたしから話しかけられないような厳しい人でした」と職人気質な様子を語ってくれた。

「スープとカレー以外すべてデミグラスソースの料理です」というこの店のソースは祖父ゆずりのもの。「手間がかかりすぎるが、どうしてもこれ以上はそぎ落とせない」という工程だ。牛スジ、牛骨、鶏ガラを焦げ目が付くぐらいじっくり炒めるところから始まり、ブイヨンに入れて煮込み、炒った小麦粉のルウを合わせてさらに煮る、濾すを繰り返して全行程3日間。

その料理を次いだ2代目の松尾正信さんは、25年ぐ

［グリル十字屋］のハイシライス。メニューにはHashed beef on riceとあり存分にデミグラスソースが楽しめる

らい前にわたしがやっていた『ミーツ』誌の取材時に、「こんなシンドイ仕事は息子に継がせられません」と仰っていた。その通りに理数系だった真ん中の息子を含め、会社勤めにした。わたしはその話をそのまま掲載したことがあったが、記事をしっかり覚えていた寛子さんは、2018年の新聞連載取材時に「ほな、娘やったらええんですか、ねえ」と大笑いしていた。

末っ子の娘である寛子さんが店を継いだのは「当然の流れ」だったそうだ。

「3人きょうだいの末っ子なので、店にいる父や母のそばにいました」。その後は成長とともに「(きょうだいで)一番店を手伝ってましたし、お客さんの顔も知ってましたから」。

そんな寛子さんに初代の話をうかがった。戦前の貴重な話である。祖母は長崎出身で大手旅行会社に勤めていた曾祖父の赴任先、アメリカ・シアトル育ちで、「英語がペラペラでフランス語、スペイン語も喋れたみたいです」ということから、［十字屋］は外国人客が多かった。こんな話もある。当時、フランス水兵だった常連客の孫が「せっかく日本に行くから」わざわざ探し当てて神戸に食べに来た。その際「おじいさんに見せるから」と写真に撮って帰ったとのことだ。

まことに神戸らしい話も多い。当初の店が現在の神戸国際会館のところにあったが、5年後(昭和13年・1938)の阪神大水害で流されたこと、神戸大空襲(昭和20年・1945)で焼失したこと。いずれも復活して、戦後すぐに国際会館前交差点の南西角に移った。交差点の対角線上だ。その［十字屋］には「バネで開くウエスタンスタイルの両開き扉がありました」とは、この店の2階で育った寛子さん。現在の店へは

そごう神戸店の屋上から南側を見た風景（昭和32年）。左手のビルが神戸国際会館。右端あたりに［グリル十字屋］があった。（神戸アーカイブ写真館提供）

1973年に移った。ほんの1ブロック。「そばだったので全員でテーブルを運んで引っ越しました」と、当時小学生だった寛子さんは楽しげに語る。

わたしは99年に亡くなられた昭和2年生まれの先代シェフ正信さんのことをよく覚えている。いつも立て襟ダブルの洗いざらしの真っ白なコックコートのボタンを一番上までかけて、びしっと粋に着こなすダンディーなシェフだった。

まるで世間話のように、小磯良平の絵画教室に通い、愛車はサイドカー付きの大排気量バイクだという日常の生活ぶりを聞いて、「ハイカラやなあ、このシェフは。さすが筋金入りの三宮の人やなあ」と思った。そして没後ちょうど20年経って寛子さんは、そのバイクがBMWだったこと、サイドカーに娘を乗せたがり、実際乗せられて走って恥ずかしかったことなど…を補足してくれた。

まるで映画よりも映画らしい話のなか、確かに昭和の三宮はこのような地元の商売人の「生活感が垣間見える」都市で、そこのところがとても洒落ていた。そういうふうに回顧するのが同じ神戸に住む者として懐かしく、また誇りに思う。

第三の系譜「グリル一平」

「神戸の洋食店」で間違いなく店名が挙がるのは「グリル一平」だろう。現在、「グリル一平」は3代目の山本隆久さんがオーナーシェフである新開地商店街のリオ神戸の2階の新開地本店、南京町西安門のすぐ北にある路面店の元町店、JR三ノ宮駅北にある三宮店と3軒ある。三宮店は東京の老舗洋食店に4年半修業して帰ってきた息子さんがシェフの店だ。「うちのが一番おいしい、と息子は言うてます」と隆久さんが微笑む繁盛店だ。

「グリル一平」は昭和27年（1952）創業、山本隆久さんの祖母・横山かん女史が新開地に開いた店だ。明治生まれの横山さんの経歴は、神戸の戦前、戦後の料理店事情や動向を知る上で興味深い。

横山さんは戦前、神戸の中国料理店「一貫楼」の立ち上げに関わった。「一貫楼」は現在、三宮を中心に

旧い新開地の店そのもののたたずまいの震災前の［グリル一平］。扉を開けると真ん中にU字カウンターがあったと記憶する

チェーン店展開している有名店だ。山本さんによると、初めの［一貫楼］は今の三宮センター街の入口にあった。横山さんは当時珍しかった製麺機を所有し、中華麺を打っていた。店で出す以外に系列店の［一貫楼］に卸していたとのこと。

神戸では中華料理店（とくに広東料理系）がカレーライスやオムライスを出したり、洋食店のメニューに中華そばやワンタンがある食堂をよく見かける。ＪＲ元町駅南側の豚まんで有名な［四興楼］（昭和25年創業）ではお年寄りの馴染み客が、カレーライスやハヤシライスを食べている姿を目にするし、中央市場前の［洋食ひらおか］は初代が東京のホテルで西洋料理を修業し、洋食店として昭和23年に開店したが、ほどなく中華料理が加わって現在に至っているとのことだ（『あまから手帖』２０１８年3月号）。

神戸の中心街が太平洋戦争の空襲でほとんど焼け野原になった後、元町〜三宮の闇市からの復興が一段落し、高度経済成長に入ろうかという昭和27年に、新開地に腕利きの洋食料理人を集めて横山さんが開店したのが［グリル一平］である。

戦後間もない神戸の三宮から元町にかけての省線

昭和21年、元町駅付近の闇市（神戸市文書館提供）

（現在のＪＲ）高架沿いの南北は、「日本一」と称された闇市が存在していた。バラックや屋台の店舗で開業した飲食店は、近くの南京町はじめ、元町に近い下山手通や北長狭通の雑居地に多く住んでいた中国・台湾人が、豚まんやタンメンといった中華料理を手っ取り早く始めたケースが多い。そういう時代と土地柄を読んで、進駐軍相手の仕事をしていた息子さん（山本さんの父）が「これからは洋食や」と母親の横山かんさんに進言して実行する。横山さんが開店に即して集めた料理人は、「シチューの神様」と呼ばれたシェフや「オムライスは誰にも負けない」と自負するコックたちであり、それらに加えて鉄板の皿で出されるマカロニイタリアンなど、目新しいメニューを考案した。

横山さんはその最前線のレシピとテクニックを子息に伝授し、次々に独立させ、「一平」は三宮、尼崎など最大6店に広がった。その「一平」の暖簾《のれん》分け店には、料理人が中華鍋を振る「中華の一平」もあったとのことで、まことに神戸らしい。

京阪神エルマガジン社で編集に携わった『グルメマニュアル89年』では、元町駅南東にあった「グリル一平三宮店」を取材してオムライスを紹介したが、その店は横山さんの四女がやっていた店だ。現オーナーシェフの山本隆久さんの伯母さんである。スパゲティで大変有名な店で「客の9割が頼んでいた」（山本さん）。三宮が地元で現在カフェ・バーをやっている50代女性は、「熱いからやけどせんように」と鉄板の皿で出てきたケチャップ味のスパゲティを懐かしく覚えている。

けれども30数年前の取材で撮影したのはオムライスだ。「グリル一平」名物のデミグラスソースではなくケチャップがかかっている。山本さんは「伯母の店は当時流行のケチャップ味のスパゲティで忙しすぎて、デミグラスつくる暇なかったんです（笑）」と、今はもうない系列店のことを回想する。

さて新開地の「グリル一平」だが、震災前の店はアーケードがかかる新開地商店街から路地を少し入ったところにあった。記憶にしっかり残っているのは、戦後すぐ52年創業のこの古い店が、89年の三浦友和主演のヤクザ映画『悲しきヒットマン』のロケに使われたことだ。

そのレトロ昭和な店が95年の阪神・淡路大震災で被災し全壊。3代目店主・山本隆之さんは、40代を迎え

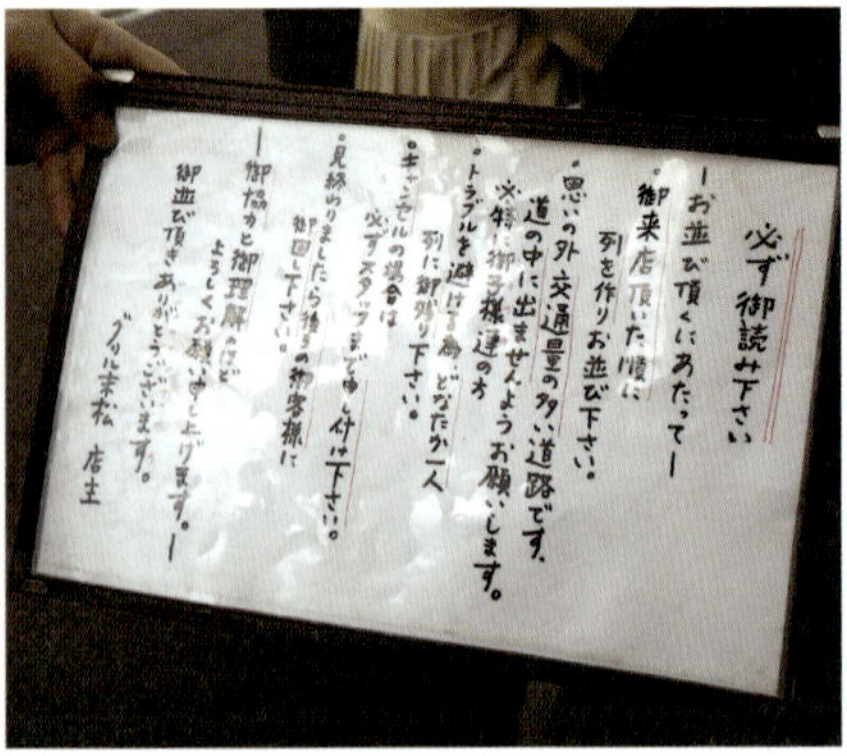

加納町3丁目交差点にある［グリル末松］。［グリル一平］の震災からの復活を、店主山本隆久さんと成しとげた千崎智平さんの店。このとおりの行列ぶり。今や神戸を代表する人気の店のひとつではないだろうか

た働き盛り。けれども再開の目途は立たず、スタッフも実家に戻った。先輩たちが築いた数々の店が失われ、「正直、再開継続する気力を失っていた」。そんなところに地元の常連客が、瓦礫《がれき》をどけてコンテナを置いて「店を再開してくれ」と懇願した。震災から5カ月目のことだ。山本さんは「すごい迷惑な人たちが勝手にコンテナ店舗を建てた」と笑い話にするが、これもまことに神戸の下町、新開地らしい話だ。

その復活から「グリル一平」は、完成度の高いデミグラの洋食（とくにオムライス）で、押しも押されもせぬ名声を獲得していく。

創業者以来の「グリル一平」のDNAのひとつに、店で修業した親戚や後輩料理人にどんどん暖簾分けをしていく気っぷの良さがある。新開地、三宮、元町と神戸のコアエリアに3店の看板を上げるほか、修業後独立した料理人の洋食店を含め、「オリエンタルホテル」「陸に上がった船舶のコック」と並ぶ「第3の系譜」が、2000年あたりから再び形成されつつある。

98年に千崎智平さんが独立して中央区加納町に開店した「グリル末松」は、その筆頭だ。千崎さんは元イタリアンの料理人だ。遠くからわざわざ赤穂に足を運

ばせる名店［さくらぐみ］で8年の修業を積んだが、94年に一平に入った。ある日、創業以来の名物オムライスを食べ、確かな技術と濃厚でビターなデミグラスソースの完成度に舌を巻き、即入店を志したという。だが山本さんと厨房に並び、腕を振るうようになって1年足らずで震災に襲われる。大きな失意のうちの山本さんと一緒に、まだ食材や調理機器が整わないなか、ひたすらフライパンを振って［グリル一平］の歴史を支えたのが千崎さんだ。山本さんは『あまから手帖』18年3月号のインタビューで「ここまで来られたのは千ちゃんのおかげ」と話している。

［グリル一平］を支えているのはやはりデミグラスソースだ。オムライスの手前に皿⅓分ふんだんに使うこのソース、もちろんシチューやハンバーグ、カツレツほか多彩な洋食に使われる。「客の口に入るまで5～6日はかかる」（山本氏）このソース、詳細にレシピをご紹介することが出来ないことが残念だが、代わりにオムライスの調理について書く。

どういう特徴かというと、まず卵が半個しか使わない激薄だということ。薄いからスプーンで割りやすく

［グリル一平］のオムライス。調理時間90秒（次ページ）で形状も完全無欠な紡錘形。文句なしの名作料理

1

2

3

4

5

6

7

8

実に食べやすいのだが、きっちり中が半熟で素晴らしい味覚を主張している。独自の「レッドソース」で味つけられるライスは、もちろんケチャップベースだが、みじん切りの淡路産玉ネギを濃いキツネ色になるまで炒めたペーストのうま味が利いている。

そして秘伝の調理。始めにマーガリンを入れたと見るや①、目にもとまらぬ早さでライスとロースハム②、そしてレッドソースを投入③④。「炒めるのではなく、手早くからめる」と山本さん。もう一つのフライパンに溶き卵半個分を流し込み⑤、味つけられたライスを入れてくるりと巻く⑥⑦。1分弱。時間勝負の料理なのだ。そこにデミグラスソースをかける⑧。ソースはオムライスからこぼれるように皿にたっぷり。

このオムライスはどの店のコックも必須であり、全員がこの本店で「直伝」されてきた、いわば「グリル一平」の登竜門だ。「巻けなかったコックはイタリア料理とか和食とかの別の料理人になってます」と山本さんは笑う。

「グリル一平」出身の料理人が独立して始めた神戸の洋食店は「グリル末松」のほかに、08年の「洋食屋ナカムラ」（東灘区深江から15年に三宮へ移転）、14年の「洋食SAEKI」（灘区岩屋）がある。「ナカムラ」のシェフ中村正樹さんは「末松」の千崎さんと同様、オムライスに魅せられて「一平」に来た。「SAEKI」の佐伯貴信さんはこれまた千崎さんと同じイタリアン出身であるのが、神戸の洋食の現在進行形を物語っているようで興味深い。

面白いのは、直伝のオムライスについて「末松」のはハムの代わりに鶏ミンチが、「SAEKI」はドミグラスソースとケチャップが両方かけられている。メニューもそうだが、「一平」ゆずりでありながら、各店の考え方や個性が出ているのが「一平DNA」なのだろう。

そして千崎さんの「末松」からは、オープニングスタッフとして7年間勤めた小川紘史さんが07年に「グリル小川」（尼崎市武庫之荘）、10年に関良祐さんが「グリル天平」、16年に渡辺航平さんが「洋食屋ワタナベ」（ともに姫路市本町）を独立して開店している。

「神戸ビストロ洋食」というポジショニングがよく分かるランチコースの「魚のムニエル」。フランス料理からの「揺りもどし」を感じる

テアトル・ル・ボア

トラディショナル、だけど最先端モード神戸の洋食の「今」を体感

スープとサラダはカフェ的な感覚の食器で出てくる

「世界一の朝食」で知られる「神戸北野ホテル」。ホテル内のダイニングの一つが「イグレック」で、その料理は「神戸ビストロ洋食」という表現で、総料理長の山口浩さんが時代を引っ張ってきたベルナール・ロワゾーゆずりのフランス料理と、神戸の伝統的な洋食文化を融合させた特徴を説明している。

この「テアトル・ル・ボア」は西宮北口にある兵庫県立芸術文化センターのレストランで、2017年に12年ぶりにリニューアルした際に、コンセプトとメニューを一新し、同様の「神戸ビストロ料理」を前面に押し出した。

芸術文化センターは約4000坪の敷地。建物は2000席の大ホール、小・中ホールを包含する、煉瓦とコンクリートのいわば現代の巨大な要塞。大きく口を開けた入口から、メインの動線となるだだっ広い階段をのぼったところにあるレストランが「テアトル・ル・ボア」だ。

テーブル80席に長いカウンターのカフェスペースもある大バコ。天井が吹き抜けで高く、全面ガラスで覆われたレストラン空間は、オープンエアのような空気感が漂う。メニューはランチとディナーに分けられていて、ランチは近くに林立するマンションやオフィス客にもしっくりくる。

メニューにはひとつひとつイラストが入り、「No.1魚フライランチ￥1500」というふうにランキングの王冠が添えられている。食べログ世代にも受けそうだ。

ランチコースの和牛ヒレカツ。焼き加減もばっちり「セニャン」。確かに先鋭的なフレンチはこういう分かりやすい料理を避けてきた節がある

訪れた19年7月にあった「神戸ビストロ洋食ランチコース」は、「スープとサラダ」「魚のムニエル」「和牛フィレカツまたはポークチャップ」に「ライスまたはパン」「デザート」「コーヒーか紅茶」。

　そういう洋食的トラディショナルな書かれ方だが、「魚のムニエル」はタイのポワレの下にジャガイモのピュレが敷かれている。刻んだオリーブとレモン汁の淡いソースがとても合う。「和牛フィレカツ」はマデラ酒のソース。仏料理で出されるメダイヨンみたいなスタイルだが、食べると「なるほど洋食やなあ」と納得。デザートの桃のシャーベットはすごいポーション。

　料理のみならず、カトラリーのセッティングも器も「最先端モードの洋食」、さすがに「山口シェフの洋食」である。そんななか「横浜ホテルニューグランド」の初代料理長のサリー・ワイルが日本で初めて作ったというドリアのグラタンソースを孫弟子として忠実に継承した「海老ドリア」（1200円）が、ディナーメニューのNo.2とされていて光っている。

イラストのメニューからもすごく「ビストロ洋食」な感覚がうかがえる

テーブルの下にカトラリー入れの引き出しがついている。軽いモードなタッチ

テアトル　ル・ボア

ホールで開催されるオペラや交響楽団の「公演前後に食事を」、というお客を楽しませるのがこのレストランの大きなミッション。で、「フレンチを」というのは、ちょっとありきたりで、確かに旧い感覚かもしれないと、ここの「ビストロ洋食」を食べて思った。「ロカボメニュー」なんてのもある。同じ洋食トレンドで、いつ行っても並ばなくてはならない、街場の［グリル末松］や［L'Ami］の感覚とはまったく違う、「デミグラスでない洋食」だが、懐かしいあの洋食の味覚にはまちがいない。

address. 西宮市高松町2-22　兵庫県立芸術文化センター内　**tel.** 050-3188-6677
open. 11時〜14時半（L.O）　17時〜21時（L.O）　**close.** 月曜と芸術文化センター閉館日休

グリル十字屋

理想的な空間で、ソースの醍醐味を味わう

この三宮側の居留地で生まれ「市役所北の花時計で遊んでました」と語る3代目の杉中寛子さんは、同じ居留地でもショッピングでにぎわう大丸あたりとは人の様子が違うという。「目的を持っている人が、颯爽と歩いていています」。

だから逆に午後7時になると、人通りがすっかりなくなってくる。慌ただしい昼にハヤシライス（950円）やオムライス（950円・税込）をがつがつと食べて足早に去る、と

ドアを開けると正面に半地下の店内に下りる階段がある。この設えがこの店の空気感を決定づけている

シチューコースのシチュータン。三代にわたって伝えられるデミグラスソースはやはり絶品

始めのポタージュはお約束。胃がリラックスするような味覚

いうのも寛子さんが話すこの界隈の、この店のうまさに違いないが、このレストランで食べることが目的の客ばかりの夜の食事も格別である。

それにしても素晴らしいレストラン空間だ。ドアを開けるとクラシックな白い手すりの階段。ど真ん中にレイアウトされている。半地下のフロアへ下りると店名の大モザイク。高い天井は扇風機が回っていて近代建築の空間のようだ。南側のテーブル席のみ壁側がソファベンチ。この席が特等席だろう。

洋食の伝統通りのポタージュスープからはじまるシチューコース（3600円・税込）はビーフとタンが選べる。「シチュータン」はクセのないタン自体の微妙な味覚ゆえ、ソースの醍醐味がこの上なく味わえる。大きな茹でキャベツとつけあわせの野菜（皿が仏料理店のように必要以上に大きくないのでデカいタンの下に隠れている）、そしてパンで「デミグラスを食べる」

「デミグラスを食べる」感覚。

感覚。素材自体の淡白な味のみのポテトサラダは、ウスターソースをかけるとさらにおいしい（とわたしは思っている）。

　ホール係の女性がオムライス2皿を横のテーブルの女性2人客に持っていくのを見て、「うまそうやなあ、オレも追加しよかなあ」と思った。そんなおいしい光景が見られる洋食店。

ドアを開けて正面の階段を下りると見事なタイル細工が目に入る。店名と創業年

入口横にある営業時間の額。
書体とデザイン、ベースの色にも
旧い時代を感じる

グリル十字屋

飲み物は各種ビール、メドックからソーテルヌーまでの赤白ワイン、ミルクセーキやレモネード、クリームソーダまであるのがハイカラなミナト神戸の伝統だ。ずいぶん前にカレーライスを食べながら日本酒（もメニューにある）を飲むお年寄り客を見たことがあって、ちょっと感激した。

address. 中央区江戸町96　**tel.** 078-331-5455
open. 11時～20時　**close.** 日曜休

「ドビーソース」の食べ応え満点の
スペシャルポークカツレツ（1400円）

グリル一平

新開地本店

人を呼び寄せるデミグラスソースの魔力

意外な話だが、3代目店主の山本隆久さんが、生家の「グリル一平」に戻ってきたのは約30年前。あまりにも昔気質でレベルの高いコックたちの環境ゆえ「親の店から逃げ、喫茶店をやっていました」と振り返る。

もちろん創業以来の守るべきレシピはある。けれども「先代のコックたちの味はなかなか出せない」。そう語る山本さんがこの店を継ぐ際に「とにかく数をつくって食べまくった」と言う。結局は「自分がお

「ぺらっぺらの肉で、ソースを食べてもらうんです」

いしいと納得がいく」料理に収斂《しゅうれん》していくのだが、そうなるまでに「数年かかった」と振り返る。

山本さんの下から支店を2店、コックが独立して始めた店も「グリル末松」筆頭に3店舗。「うちのデミグラスソースを持って行けばどこでも仕事ができる」というソースは、ファンの間で「ビターな黒いデミ」と称されるものだ。

他店とは一線を画す微妙な苦味のあるソースは、小麦粉をチョコレート色になるまで約4時間も炒めたルーゆえ。淡路島産にこだわった玉ネギのブイヨンは甘く、そのバランスが一平のソースの真骨頂だ。

また「おっさん相手の昔のままでは濃すぎる」とルウをマイルド化し、この店で「ドビーソース」と呼ぶものに完成している。これには神戸の地ソース「ニッポンソース」の

「これがないと味が出せません」と見せていただいた「ニッポンソース」。この店のドビーソースの味の決め手だそう

ハートの目玉焼きが乗ったハンバーグステーキ（1700円）は熱い鉄皿で出てくる。ほかにビーフステーキやスパゲティ・イタリアンもこのスタイル

ウスター（始めからブイヨンに入れて煮込む）とトマトケチャップが加わっている。

このソース、うまさが端的にわかるのがビーフカツレツ・オールドスタイル（1600円・税込。以下同）とポークカツレツ（1100円）だ。

「昔ながらのぺらっぺらの肉で、ソースを食べてもらうんです」と山本さんは言うが、あまりのバランスに「肉の旨みを底上げする感じだ」と以前書いたことがある。いい牛肉、豚肉が持つ本来の味をソースが邪魔しない。

プレーンオムレツ（700円）もドビーソースがこの上なく味わえる一品

1階からこの店専用と化しているエスカレータを上がったところ。店構えがまた新開地らしい

ハムサラダ（1200円）は新開地本店のみ。2人以上で行くと必ず注文する。ハムにマヨネーズがこの上なくうまい

矛盾するようだが、おいしいソースというのはこのようなもので、とんかつ屋のトンカツではない洋食屋のポークカツレツのうまさはここに極まる。

かつて「東の浅草、西の新開地」と称された歓楽街は、70年代からくたびれ始め、そこにバブル崩壊と震災が重なった。そんな引き波のような時代と街自体の変遷のなか、この店の洋食が、40代以下の世代には見たことも経験したこともないいにしえの魅力を一軒で守っているようだ。

三宮店、元町店とアクセスの良い支店よりも、どうしても新開地に行きたくなる。洋食はそういう料理だと思う。

グリル一平　新開地本店

土日祝の昼に満員で入れなかったりして、平日の午後2時過ぎならすいているかと行くと、カウンターだけ空いている状態で、3時までテーブル席はひっきりなく客が入れ替わっている。「鉄皿料理」にカテゴライズされるのは、特上和牛ヘレビーフステーキ、ハンバーグステーキ、スペシャルポークチャップ、そしてスパゲティ・イタリアンとマカロニ・イタリアン。他店に類を見ない「和食パスタ」の最後の2つ含め、こちらの熱い鉄板で出てくる洋食も一平ならでは。

address. 兵庫区新開地2-5-5　リオ神戸２F　**tel.** 078-575-2073
open. 11時半～15時　17時～20時　**close.** 水・木曜休

グリル末松

悩むほどに、うまい。自分なりの楽しみ方が出来る洋食屋

この店のことを書くために食べに行ったのではないが、6月のとある平日の昼12時過ぎに行くと、10人以上並んでいた（残念なので近くの喫茶&ランチの店でイタ・スパを食べて仕事に向かう）。次の日曜日の朝は快晴で、意を決して自転車を飛ばして午前11時に行くと、開店30分前なのに20人以上の行列（インバウンド客も多し）。諦めて帰りしなに、行きつけのお好み焼き屋でモダン焼きとビールだった。

メニューのトップにあるビーフカツレツ（1300円）。150グラムとボリュームあり

7月になって昼1時過ぎに行ってやっと入れたのだが、それでも2人待ち。ものすごく流行っている。神戸で指折りの人気店なのは、三宮や元町の地元民が知っている。

つねに行列状態の超人気店を超スピードの料理で切り回すご主人の千崎さん。オムライスもカツレツも基本的に鍋による料理で、その集中力に驚く

何とも味のある黒板風メニューが外に出されている。「MAHALO!」はハワイ語で「ありがとう！」

開店前からこの状態。さまざまなお客。標準語の大阪〜神戸出張客や外国人客も混じる

オーナーシェフの千崎智平さんが98年に「グリル一平」から独立して、加納町2丁目に「グリル末松」を開店した時、わたしが編集に携わっていた「ミーツ」誌は、いち早く取材をした。オムライスやビフカツ、ビーフシチューをはじめとする洋食は、いかにも「グリル一平」ゆずりであり、その完成度は老舗洋食店のそれだった。

数年して行くと（10年ぐらい前のこと）、とくに夜のメニューに、ウニやフグ、牛すじを使った小料理、「洋食屋さんがこんなのを」というようなフランス料理の「オードブル」としか言いようのない一皿や、中国料理でも和食でもない手羽先の唐揚があったりして、どれも驚くほどうまかった。

まぎれもない「一平」の系譜上にある洋食店だが、シェフ独自の料理にもファンは多い。

あれこれ迷って「やっぱりこれ」

心底「うまい洋食店」と思って昼に、日替わりランチ（850円／この日は赤味噌タレのチキンカツ、デミグラスのポークカツ盛り合わせ）目当てに行くことも多い。

夜はカニクリームコロッケと白ワイン、やっぱり定番のオムライスそれにビフカツ、冬やし牡蠣フライや…、ととらえる向きも当然正解だ。

いいや、「本日のちょっと」から小エビとアボカドの春巻き、サバ男爵、バイ貝のスモーク、牛すじのテリーヌ…、とその日その時の独自のアテを連打するビストロ遣いこそこの店の真骨頂だ、と

これもハワイな感じの置き看板。
「有名な神戸オムライス、グリル末松」と英語書き

印象深いアンティークな入口のドアと営業時間、こちらにもメニューを書いた黒板。味を物語っているようだ

「ビフカツとオムライス」と注文すると「オムライスは小にしましょうか」と親切な案内。オムライスは大（1050円）、普通（850円）、小（750円）がある。それにしても非の打ち所がないまるで芸術品

ケチャップライス、ポークカツ、ホワイトソースが地層になっている「さくらライス」は絶品。ランチタイムにしかないこの一皿（スープ付き）を目当てに行く客多し

いうのもOKだという懐の深い店。

平日ランチ時限定のさくらライス（850円）も絶品で、別の日に昼1時過ぎに「席が開いてたらラッキーなんだけど…」と行くとすぐ入れて、日替わりやビフカツ、いや単品にライス…とあれこれ迷って「やっぱりこれ」と相成る次第。

いつものことながら、どうやって食べるか。つまり先にホワイトソースがかかったポークカツを何切れ食べて、それも箸かフォークなのか、その後ケチャップソースに行くか。抜群に米そのものがおいしいケチャップライスにホワイトソースをどれぐらい混ぜて食べるのがベストなのか…。と、悩むほどうまい。

グリル末松

かすかに苦味の利いた［グリル一平］ゆずりのドミグラス（［末松］の方が強いニュアンスが）のビーフ、ポーク、チキンのカツレツ3種はぜひ知っておきたい味。というより以後、記憶に残るはず。2階建ての民家風の店舗、1階6席のカウンターがベストだが、2階の座敷風テーブル席も風流。店自体の生活感のような空気も他店に類を見ない。

address. 中央区加納町2-1-9 **tel.** 078-241-1028
open. 11時半～14時半（14時L.O） 18時～22時（21時半L.O） **close.** 火曜休

すごい迫力で現れるポークチャップ。ソースはケチャップは使わず、玉ネギとトマトをワインビネガーで煮詰めたものと別にドミグラスソースが出てくる

洋食SAEKI

デミグラスとケチャップ。最後まで飽きさせない味の打線

連載をしていた『あまから手帖』で「グリル一平」出身のこの店のことを知った。三ノ宮からひと駅。新しくなったJR灘駅、「改札横はマクド（ナルド）と違ごてモス（バーガー）やねんな」と思い、スマホの地図を見ながら歩く。住宅街に入る。元東海道本線の貨物支線だという印象的なガードをくぐって店を見つける。午後7時前。店はカウンターの3席をのぞいて満席だ。よう流行っ

てる店やなあ。

記事に出ていた「ポークチャップ（スペイン産・栗豚）1380円（税込。以下同）」を注文する。スーパードライ中は550円。居酒屋並みに安いなあ。隣の一人客はハイボールに豚モモ肉のガーリックソテーでよろしくやっている。

出てきたポークチャップは厚さ2センチは十分にあってデカい。箸でつまめるように切ってある（この店にはフォークが用意されていない）。焼いた豚の上には玉ネギとトマトのソースがのっていて、それを小鉢のデミソースに漬けて食べるスタイル。一平のデミより酸味が効いていて豚に合う。バクつくように食べるともう満腹。「締めにはオムライスを」と思っていたが、それまでに至らず。

別の日オムライスのリベンジを兼ねてランチに。混んでるのを予想して1時過ぎに行くと、また一杯だ。が、奇跡のように入口に近いカウンターが空いている。「オム4つ、トッピングコロッケ3」と女性スタッフが忙しく注文を通している。「やっぱりな」と思い、オムライス（800円）とトッピング可のミンチカツ（350円）を。キャベツのサラダ

オムライスに加え「追加トッピング」可。ミンチカツで。ほかクリームコロッケ、海老フライ、サーモンフライ、ホタテフライとある

オムライスをスプーンで割る瞬間がいちばんおいしい。［一平］とも［末松］とも少し違ったところがまた一平出身者らしいと思う

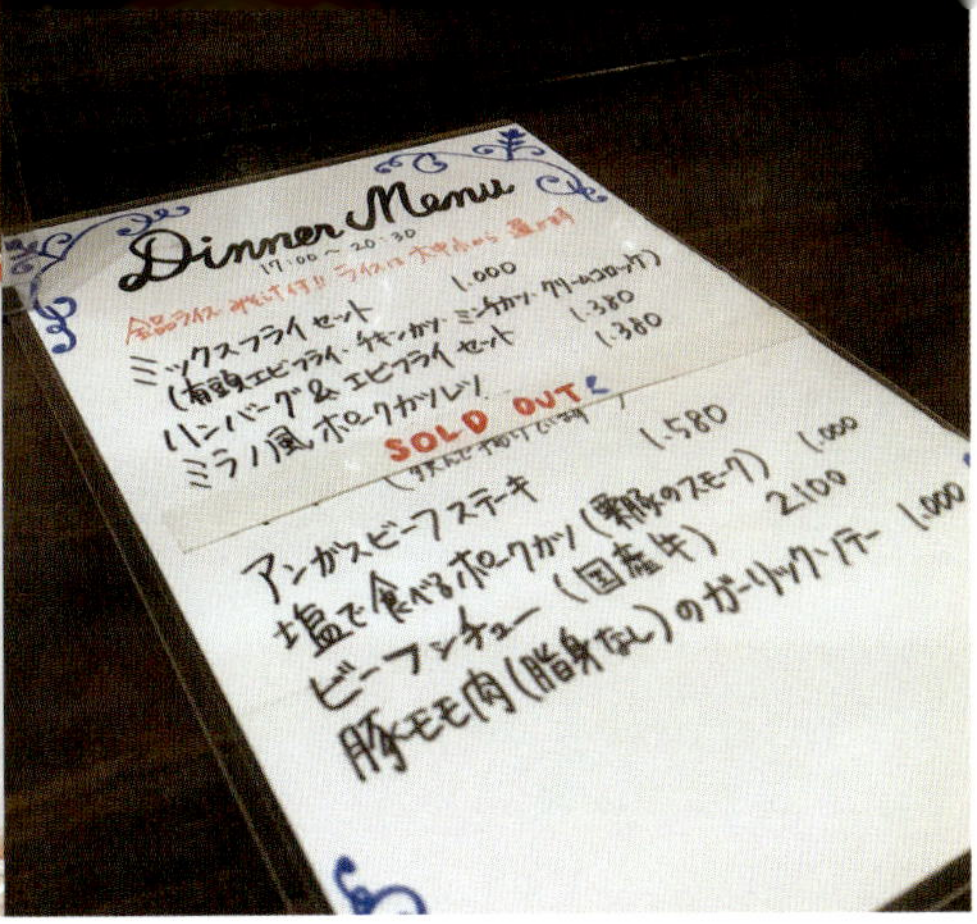

ミックスフライセットは圧巻。ランチとディナーのメニューは手書きで。夜の「ミラノ風ポークカツレツ」「チキンキエフ」というところに洋食店としてのこの店の特徴を見る

と味噌汁付き。出てきたオムライスは正しく一平の紡錘形だ。手前にデミソース、奥にケチャップが…、これは一平と違うぞ、と思う。まず別皿で出てきたミンチカツを一口。上にかかっているデミソースに「さすがやなあ」と思い、いつものように真ん中にスプーンを入れる。一平に行くようになってオムライスはこういう風に食べるようになった。デミソースのあと、ケチャップを試してみる。変化に富んで上手い。なるほど最後まで飽きさせないためか。

住宅街にあってなごめる雰囲気。ただし満員のことが多いので夜は予約

洋食SAEKI

スタンダードなビーフカツやカレーなどのグランドメニューのほか、ランチ／ディナーの手書きメニューがあって、ミラノ風カツレツもあるのがイタリアン出身らしい。広いカウンター9席はとても居心地がよく、テーブル席は学生グループからマダム2人客、お年寄りまでと客層は広い。

address. 灘区岩屋北町5-2-13　SIハイツ岩屋1F
tel. 078-882-2667
open. 11時～15時（14時半L.O）　17時～21時（20時半L.O）
close. 月曜、第1・3火曜休

洋食屋ナカムラ

オシャレ系の店内で味わう、実力派洋食

この本の執筆の中盤あたり、2018年の春頃、自転車で前を通った際に見つけた。メニューが表に立てられていて、自慢のデミグラスソースのことが書いてある。カフェのような内装が見える。うまそな店だけど今風のオシャレ系かなあと思い、実のところ長い間遠慮していた。

「グリル一平」の3代目を継いだ山本さんからの最初の独立店だということを知って「これは食べに行くべし」と店に行くと、店主・中村正樹さんの顔が見える。「あのコック

味、量ともに大満足必至のスペシャルセット。なるほど［グリル一平］出身だと思う

さんだ」という感じで、［一平］の厨房で脇目もふらず必死でフライパンを操っていた「超真面目」姿を思い出し懐かしくなった。

この店は08年に深江にオープン、15年にトアロードの中山手3交差点のすぐ南東という神戸屈指の「ええ場所」に移転してきた。元々はフラワーショップだった店舗、コンクリート剥き出しに白ラッカー塗りの天井、「（夫婦）2人で塗りました」という漆喰の壁。正面の壁には絵一枚飾っていない。「そのままグッズを置けば、雑貨店になりそう」。そう言うと「女性ウケを狙ってます」と笑う店主。

2人掛けテーブルが一杯になる皿で出てくる、有頭エビ・貝柱・サーモンのフライ、エビクリームコロッケ、ハンバーグのセット（2180円）のスペシャルセットは圧巻だ。

まぎれもなく「レッドソース」、一平の味だ

ハンバーグは目玉焼きをくずしてこんな感じで食べるのがうまいのだ

おしゃれ系の今風カフェのような空気感も良い

「一平」イズムを凝縮したような各品、いつものことであるがまずタルタルのエビフライから貝柱に入って、コロッケとサーモンを迷い箸的に食べて、最後はハンバーグにのせられた目玉焼きを崩してデミグラに混ぜながら食べる。おっと、添えられたスパゲティを忘れていた。まぎれもなく「レッドソース」、一平の味だ。

この日も始めに瓶ビール（500円）を頼み、食べ進む途中でその日の気分によって赤か白のワインを追加し（ともに450円。街は情け深い）、また食べながらビールもワインも交互に飲む、というちょっとイヤしい食べ方をしてしまう。

「ごちそうさん」と勘定を払いながら、「一平さんのオリジナルに一番、似てるんちゃう」と言うと、「次はオムライス食べに来てください。あっ、やっぱり社長に負けますわ」とシャイな中村さん、「8月と年末と誕生日には社長に挨拶に行ってますよ」という昔気質の43歳。フレンチ・ビストロもかくやというインテリアに、まことにしっくりな洋食、相当の腕と力業の賜物と見た。

洋食屋ナカムラ

女性客に加え、週末の夜や休日の昼はデート用に使う若者が目立つと思えば、平日のランチセットが界隈の勤め人に人気。そのあたりが「一平洋食」の実にいいところ。広いフロアに2人掛けのテーブル席が6セット、4人が2、6人が1という中バコ。

address. 中央区中山手通2-3-19 ロータリーマンション中山手1F
tel. 078-321-6711
open. 11時～15時（14時半L.O） 17時～21時（20時半L.O）
close. 月曜休（祝日は営業・火曜休）

ミックス定食Aは海老フライ1尾とミンチカツ2個で900円（税込）。もちろんミンチカツのみの定食もある

洋食屋・双平

東京で生まれ、神戸で進化した味 引き継いだ伝統の逸品

１９９９年に創業の洋食店。ミンチカツが看板の店だ。店主の相川双平さんは、船舶エンジンの製造などの仕事に携わった後、50代にさしかかり「ミンチカツの店を最後の仕事にしよう」と決意した。

きっかけは交通事故で子どもを亡くしたこと。悲しみのなか抑鬱状態になり、医者に勧められてゴルフをしていた。その時にふと思ったのが、東山市場（兵庫区）の精肉店〔三ツ輪屋〕のミンチカツだった。50年以上も前、三ツ輪屋で食べた相川さんは「世の中にこんなうまいものがあるんだろうか」と吃驚仰天。その後、三ツ輪屋が出していた花隈の洋食店を手伝った。

鬱から脱するためのゴルフでクラブを振りなが

「ミンチカツの店を最後の仕事にしよう」

カジュアルな感じの外観。隣は穴子寿司専門の［檜垣］。神戸の有名店2軒が並ぶ

ら、「一体自分は何をしているのだろう」と思いながら、三ツ輪屋のミンチカツを伝承することを決意する。

［三ツ輪屋］は明治34年（1901）創業の神戸牛の老舗精肉店である。4代目店主水野充博さんによれば、ミンチカツに関しては創業者の息子にあたる二代目が、東京の洋食店にコック修業に出た後、神戸に帰ってきた。トンカツの元祖といわれる［銀座煉瓦亭］（明治28年創業）にも出入りし、その際に習った「ポークカツレツ」と「メンチボール」をヒントにして創作したのが「ミンチカツ」だ。関西では初めてのメニューだった。同時にデミグラスソースやカレーのレシピと技術も持ち帰り「神戸で売った」とのことだ。

そのミンチカツを再現した［双平］のそれは、厚さ2センチ、長さ10センチの小判型の美しいフォルム。パン粉は2ミリ程度と細かく、それをごく薄く付け、牛脂で揚げる。だからとても香ばしく揚がり、噛むとサクッと音が鳴る。小麦粉を香ばしく絶妙に焦がした「ドビーソース」と呼んでいるデミグラスも好相性。

東京から持って帰っていち早くアレンジして出した伝統の洋食、それを引き継いでいるのが頼もしい。

ご主人の相川双平さん。「神戸の趣味人」という雰囲気の方で店の内装からもそれがうかがえる

洋食屋・双平

中華街の南京町の路地を入ったところにある小さな店。午後5時オーダーストップストップというのが実力を感じさせる。ミンチカツ定食は2枚が800円、3枚が850円（いずれも税込。以下同）。ミックス定食Aが海老フライ1尾とミンチカツ2枚で900円。ビーフカツ（定食1200円）も三ツ輪屋精肉店ゆずりの肉。昔ながらの薄い厚さが味わい深い。「フライ専門店」という看板表記がうなずける。

address. 中央区栄町通2-9-4　**tel.** 078-393-3839
open. 11時～17時　**close.** 水曜休

神戸とパン、洋菓子

あとがきに代えるかたちで、いちばん「神戸らしい話」として、パンと洋菓子を持ってきた外国人のことを書こうと思う。

パンは欧米人にとっての主食であるから、居留地に来たかれらにとってはレストランで食べる料理よりも、もっと切実な「食糧」であったはずだ。

1985年に神戸新聞出版センターから出版された『神戸のパン・ケーキ チョコレート』は、第一章「パン・洋菓子事始」から第十章「パン・洋菓子の今日と明日」まで、80ページ以上を割いて神戸のパン・洋菓子の歴史を概観している。それによると開港の翌年にあたる明治2年（1869）に居留地にイギリス、フランス人経営のパン屋が2軒があったという。この説は現在の新聞記事などにも多数見かける。

神戸外国人居留地研究会の谷口義子さんが「ひょうご経済」第138号2018年春号の『パンと洋菓子の150年』で明らかにしたのが、開港の4カ月後に掲載されたドモネー社の「兵庫ベーカリー」とワーレン&ディルソン社の「神戸オーブン」の広告だ。The Hiogo Newsに掲載されたその二つの広告には「毎日焼き立て」「あらゆるパンの注文に応じます」とのコピーがある。先の2軒よりも早く、慶応4年（1868）の春のことだから、居留地ではなく雑居地に開業していたと思われる（造成が遅れて居留地はまだ存在しない）。

その後神戸のパンづくりは、明治20～30年代にかけて広まっていく。『神戸のパン・ケーキ　チョコレート』によると、武田伍八、南玉吉、西村松之助の3人のパン屋（明治21年頃）、ついで下山手通の「寒川パン」、三宮の「ダルマ堂」と記録があるようで、移り住んできた外国人に雇われて技術が伝承された日本人ベーカーが増えてきたことがうかがえる。

明治34年（1901）鶴巻和三郎が三宮の北長狭通2丁目に創業した「フランスパンヤ」は、その後「ドンバル」と店名を改め、大正～昭和の激動をくぐり抜け、戦後1980年代まで営業していた。富山県砺波《となみ》から開港および文明開化で賑わう神戸に来た鶴巻氏は、仏人「ドンバル」の店で働き、石焼き窯での技術を習得したとのことだ。戦前にすでに大阪や京都にも支店を置いた「ドンバル」は、わたしの知る70年後半の神戸では、現在の生田ロード、東急ハンズの南西すぐにあるファミリーマートのところにあって人気を博していた。たしか「ドンバル」閉店のあとはケーキ店「フーケ」が入った。

「ドンバル」のパンは昔からファンが多く、トアロードのレストラン「ハイウエイ」「グリルミヤコ」も使っていた。「グリルミヤコ」初代の長女の宮前香里さんは「ランチロールというパンをそごうの出店から仕入れてました。父母は「ドンバル」をいつも一流のパン屋だと評価していて、これでないとスープやソースの食事に合わないと言っていた」「フロインドリーブのヘラさん3姉妹がしょっちゅう食べに来てましたが、あたり前のようにドンバルのパンを出してました」と興味深い話をしてくれた。

その「ドンバル」だが、2018年に在日フランス商工会議所が発行した『日仏企業百年史』のなかで「1918年当初より商業会議所（商工会議所）の神戸支部メンバー

1900年代初頭の神戸・栄町通（©クリスチャン・ポラック コレクション）。右手の店に「FRENCH PROVISION AND BAKERY NO.63 F.DOMBALLE」とある

であったドンバル氏の神戸栄町通りのパン屋」として写真で紹介している。谷口義子さんによればドンバル氏は仏海軍のメディカルアシスタントだったのだが、栄町通の店舗は１８９５年の「ジャパンディレクトリ」に初出し、１８９７年には「Wine Merchant and Baker」と出ているから、パンも売っていた食料品店がやがてフレンチベーカリーとしてその名を知られるようになった。ベーカリーの［ドンバル］は、ドンバル氏の没後に［フランスパンヤ］の鶴巻和三郎氏によって店名を引き継がれたのだと推測している。

ちなみに大正7年1月1日の神戸又新日報に「前後四十九年仏人ドンバル氏談」というインタビュー記事があり、１８６９年（原文ママ、実際には68年）「堺の仏国軍艦ジウブレスク乗組員惨殺事変」（堺事件）の談判のために、仏政府はパリから大艦を仕立てて急行、長崎で石炭を積み込み横浜経由で神戸に入った、その際の乗組員の一人であったと記されている。

福岡市の大濠公園近く、唐人町《とうじんまち》の旧い商店街に店を構える［神戸ドンバル］は、昭和12年（１９３７）創業の歴史を誇る。創始者は明治44年（１９１１）生まれの前田幸平氏で、鶴巻氏と同じ砺波出身。神戸の［ドンバル］鶴巻氏の下で修業をした満保某氏（同じ砺波出身）が当時まだフランスパンが珍しかった福岡市東区馬出《まいだし》に出てきた。

2代目［神戸ドンバル］の当主・前田一幸さんによると「明治の早い時期に神戸でフランス人ドンバルさんからパンを習った鶴巻さんがルーツの最初で、満保さんもうちのおやじも昭和の早い時期に同じ富山つながりで神戸〜福岡とパンをつくりに出て来たんです。おやじは親戚にあたる満保さんの下で働いて独立しましたが、満保さんの馬出の［ドンバル］はそりゃ大きかったです」と懐かしがる。また満保家のおひとりは、昭和10年代に神戸の［フランスパンヤ］で修業、戦後すぐに箱崎と西鉄香椎花園《かしいかえん》前で［フランスパンヤ」という店名のベーカリーをやっていたことがあって、子どもだった前田一幸さんは「フランスパンヤという名前はヘンだなあ」と思った記憶があるという。

谷口義子さんの調査では、大正14年（1925）の『神戸市商工名鑑』に「フランスパンヤ（パン・西洋菓子）鶴巻和三郎 三宮町1丁目334」とあることから、「神戸ドンバル」の前田一幸さんのお話を重ねると、このドンバル氏こそが開港翌年の居留地の「最初の仏人ブーランジェリー」と称された、半分俗説のネタ元かもしれない。ちなみに谷口さんによると、ドンバル氏本人は食料品店の経営者（商人）で、パン職人（おそらくフランス人）を雇っていたと考えている。

三宮トアロードに本店を構え、海外を含め約130店舗展開する「ドンク」は、ルーツが明治38年（1905）創業の「藤井パン」である。藤井元治郎氏が長崎から職人を招いて兵庫の柳原で開業した。三宮に移って「ドンク」になったのは太平洋戦争後で、65年にフィリップ・ビゴ氏を招いて入社させ、全国レベルでフランスパン・ブームを巻き起こしたことはよく知られている。

大正時代になると神戸はまた違うフェーズを迎える。第一次世界大戦やロシア革命の戦乱によって、ドイツ人やロシア人のパン・菓子職人たちが神戸にやってきたのだ。第一次世界大戦が勃発した1914年、日本はドイツに宣戦布告する。そしてドイツ租借地の中国・青島《チンタオ》を攻め取る。その際、数千人のドイツ俘虜を日本各地の収容所へ移送し抑留した。

ジャーマン・ベーカリーの「フロインドリーブ」は、今も神戸の名店中の名店であるが、創始者のハインリッヒ・フロインドリーブ氏もその俘虜の一人だった。現在の社長、ヘラ・フロインドリーブ上原さんの祖父である。1884年ドイツ生まれのフロインド

初代ハインリッヒ・フロインドリーブ氏と妻のヨンさん

中山手一丁目にオープンした１号店（共にフロインドリーブ提供）

リーブ氏は、14歳でパン職人の世界に入る。その後、ドイツが占領していた青島に渡り、１９１２年にベーカリーを開店するが、14年に第一次世界大戦が勃発。フロインドリーブ氏は日本軍の俘虜として名古屋の収容所で敗戦を迎えることになる。

19年にベルサイユ条約締結。俘虜は解放されることになるが氏はドイツには帰らず、ちょうど名古屋で創業した敷島製パンの初代技師長として大変な高給で迎えられた。煉瓦窯はもちろん本社工場の設計から技術面すべてを担当する。面白いのは俘虜時代、日独親善の一つとして俘虜作品の展示会があり、関東大震災の後、23年に同じ神戸で洋菓子店を開くことになるカール・ユーハイム氏がバウムクーヘンを、フロインドリーブ氏がパンを焼いて出品、好評を博した。明治以来のドイツびいきだった日本が、第一次世界大戦では敵に回ったが、この大正期の話には、彼らドイツ人の持つ高い技術を認める国際感覚とゆとりが感じられる。

フロインドリーブ氏は大正10年（１９２１）に大阪にやってくる。産業、経済では東京をしのいでいた「大大阪」時代を象徴する食品デパートであり大食堂を有するホテルだった難波橋《なにわばし》南詰の「灘萬」の技術指導にあたる。そして神戸に移り、3年後に日本人の妻・ヨンさんと中山手1丁目の「電停前」にパン屋を創業する。これが「フロインドリーブ」で、北野界隈をはじめとする神戸在住の欧米人の支持を得た。その人気ぶりは、昭和15年（１９４０）頃には神戸市内にパン、洋菓子、レストランなど10軒の店を営業するほどだった。

けれども1945年の太平洋戦争の空襲で中山手の店は焼失、バラックからの再開となる。ほどなく従業員が復員し、製造体制が整うやフル稼働。孫であり現社長のヘラさんは7歳の時にドイツから来神するが「毎日朝5時にケーキとクッキー、6時にはパンを焼いてました。高校生の頃から家業の手伝いが忙しく、なかなか学校に行けなかったです」と振り返る。

父であり1920年生まれの長男のハインリッヒ（Ⅱ世）さんは、12歳で単身ドイツの有名菓子店に修業に出される。3年のうちに国家技術者試験に合格し、その後ドイツで腕を磨く。戦後の1951年にヘラさんとともに日本にもどった時は、国家マイスターの称号を得ていた。吉田茂首相はこの店のファンで、ドイツコッペの「ウイナー」を毎日取り寄せていた。空輸で取り寄せていたという話もあるが、「三ノ宮駅まで持って行って、汐留駅留めの鉄道便でした」とヘラさん。高度経済成長期には、神戸のフロインドリーブとして全国区の知名度を得る。

95年の阪神・淡路大震災は、容赦なくフロインドリーブにも襲いかかった。店は東に4度傾き、須磨の工場は地盤が激しく沈下。「2年ぐらい無理かな」とヘラさんは思ったそうだが、店に張られたペーパーの再開を望む寄せ書きの声に「ゆっくり出来ないな」と半年で復旧。「レンガが割れないように、窯の温度を上げるのに1か月かけた」という。レンガ窯は創業当時からの伝統の製法だ。

現在の店は、子どものころから礼拝に通い結婚式も挙げた元神戸ユニオン教会。ヴォーリズ建築である。教会自体は92年に灘区へ移転し、震災後も廃墟同然で放置されていた。その朽ちた教会を買い取り、2年かけて改装し移転したのが99年。ヴォーリズの名建築と広く高い礼拝堂をカフェにした空間の魅力にわざわざ足を運びたくなる新店舗に、わたしたちは「フロインドリーブはすごい」と賞賛した。

ちなみにわたしが『Meets』誌で、この店のことを初めて記事にしたのが90年。約30年も前、ちょうどヘラさんが社長に就任した直後だ。「風見鶏以来、観光色が強くなったものの、当時から煉瓦窯で焼き続けるジャーマン・ホームベーカリーの真髄は、代が替わっても変わらない」と書いた。「風見鶏」というのは創業者ハインリッヒ氏の波乱に満ちた人生を描いた77年のNHK朝の連続テレビ小説『風見鶏』のことで、この朝ドラで異人館が並ぶ北野・山本通界隈が一気に観光地化された。


バウムクーヘンで有名な「ユーハイム」の創始者はカール・ユーハイムとエリーゼ・ユーハイム夫妻。青島で菓子店を開いていたカール氏は非戦闘員だったが、15年に俘虜として日本に連行される。5年間の収容所生活のあと解放されるが日本に残る。菓子作りの腕を見込んだ「明治屋」の誘いをうけて銀座の「カフェ・ユーロップ」を任される。時代の最先端のカフェの成功に気をよくしたユーハイム氏は22年に独立、解放から2年で日本永住を決意し横浜で自らの店「E・ユーハイム」を開店する。

翌年、関東大震災で店は倒壊。着のみ着のまま避難船で神戸にたどり着く。そして三宮で偶然出会ったロシアの著名な舞踏家の強い勧めで、3階煉瓦建ての洋館を借りて店を再開する。「サンノミヤイチ」と略称で呼ばれていた三宮1丁目電停前に店「JUCHHEIM'S」があり、大いに繁盛したという。多種のケーキ

ユーハイム創始者カール・ユーハイム、エリーゼ・ユーハイム夫妻
（ユーハイム提供）

とコーヒー、サンドイッチもあって大変高価だった。客の9割が外国人だったという。谷崎潤一郎や小出楢重もよく来たし、堀辰雄は『旅の絵』でこの店のことを丹念に書いている。

1917年のロシア革命は大正末期の神戸にチョコレートをもたらした。マカロフ・ゴンチャロフ、フェオドロ・モロゾフとその子ヴァレンタイン・F・モロゾフなど白系ロシア人の菓子職人が相次いで神戸に亡命し、ロマノフ王朝ゆかりのチョコレート製法を伝え、クリームやナッツをアレンジした高級チョコレートやチョコレート・ボンボンをつくった。

料理やレストラン、パンや菓子にしろ、ミナト神戸の街の性格を決定した開港以来の欧米文化を見る時、太平洋戦争の前後においての複眼の視点が必要だ。愚かな戦争によって神戸の街はほぼ焼き尽くされ、同時に外国人居留地や雑居地由来のほとんどの文物も焼失してしまった。そこからの復興はなんといってもGHQつまり米国主体の連合国軍最高司令官総司令部の占領下の影響が大きい。

45年6月の神戸大空襲で三宮の店を焼かれたカール・ユーハイム氏は失意のなか、終戦前日の8月14日に六甲山上で息を引き取った。「わたしは死にます。けれども平和はすぐ来ます」が最後の言葉だった。その2年後、一緒に店を切り盛りしていた妻エリーゼ・ユーハイムさんとドイツ軍に徴兵された息子の妻子たちはGHQの命令でドイツに強制送還された。だが6年後の1953年、カール氏の下で働いていた数名の日本人がエリーゼさんを再び迎えて「ユーハイム」は復活する。

次いで80年代以降のグルメブームは、トレンドとしてのフレンチやイタリアンを最新情報と同様にいち早く現地から持って帰ってきた。そしてバブル崩壊～不況による街場の飲食店の変容。そんななか「洋食」だけが、かろうじて明治、大正からの連続性を保っているようで頼もしい。

最後にこの本の執筆制作経緯を少し記しておきたい。

わたしが神戸松蔭女子学院大学に着任してすぐの5月、神戸開港150年を記念する神戸松蔭土曜講座で「ミナト神戸の洋食とその系譜」というタイトルで講演をした。と、同時に神戸新聞総合出版センターの合田正典さんから「神戸の洋食」についての執筆を勧められた。それから1年以内に神戸市立博物館はじめ複数の施設から同様の講演依頼をいただくのだが、同時に「今一度、現在進行形の神戸の洋食を見てみよう」と思い街に出た。お読みいただけるとわかるのだが、神戸の洋食店はかつてない盛況ぶりで、取材に一年半以上かかってしまった。言い訳がましくなってしまったが、合田さんそして直接編集を担当していただいた部下の堀田江美さんに、この場をお借りしてお詫びと御礼を申し上げます。

また取材に応じていただいた飲食店や料理人のみなさま、貴重な所蔵写真や資料をお貸しいただいたみなさま、適切なアドバイスとご協力を賜った神戸外国人居留地研究会の谷口義子さん、宇津誠二さん、神戸大学名誉教授中西テツさんにはとりわけお世話になりました。御礼申し上げます。

2019年10月　江　弘毅

参考文献

神戸と居留地　多文化共生都市の原像　神戸外国人居留地研究会編　神戸新聞総合出版センター　２００５年
神戸開港百年史　港勢編　神戸開港百年史編集委員会　神戸市　１９７２年
明治の商店　開港・神戸のにぎわい　大国正美・楠本利夫・編　神戸新聞総合出版センター　２０１７年
講座・食の文化　第二巻　日本の食事文化　石毛直道監修　味の素食の文化センター　１９９９年
江戸の料理史　料理本と料理文化　原田信男　中公新書　１９８９年
外国人居留地と神戸　神戸開港１５０年によせて　田井玲子　神戸新聞総合出版センター　２０１３年
居留地の窓から　世界・アジアの中の近代神戸　神戸外国人居留地研究会編　ジュンク堂書店　１９９９年
開港と近代化する神戸　神戸外国人居留地研究会編　神戸新聞総合出版センター　２０１７年

伊藤博文　近代日本を創った男　伊藤之雄　講談社学術文庫　２０１５年
キプリングの日本発見　ラドヤード・キプリング　H・コータッツィ／G・ウエッブ編　加納孝代訳　中央公論新社　２００２年
神戸居留地史話　土居晴夫　リーブル出版　２００７年
神戸外国人居留地　ジャパン・クロニクル紙ジュビリーナンバー　堀博・小出石史郎・共訳　神戸新聞総合出版センター　１９９３年
ヨコハマ洋食文化事始め　草間俊郎　雄山閣出版　１９９９年

日本のホテル産業史論　木村吾郎　大阪商業大学博士論文　２０１４年
オリエンタルホテル三十年のあゆみ　オリエンタルホテル　１９５６年
バー「サンボア」の百年　新谷尚人　白水社　２０１７年
幻の黒船カレーを追え　水野仁輔　小学館　２０１７年
カレーライスの誕生　小菅桂子　講談社学術文庫　２０１３年

にっぽん洋食物語大全　小菅桂子　講談社＋α文庫　１９９４年
泉州玉葱と坂口平三郎　南野純子　１９８７年
玉葱王　今井伊太郎とその父佐次平　畑中加代子　毎日新聞大阪本社総合出版局　２００２年
なにわ大阪の伝統野菜　なにわ特産物食文化研究会　農山漁村文化協会　２００２年
帝国ホテル厨房物語ー私の履歴書　村上信男　日経ビジネス人文庫　２００４年

新修　神戸市史　産業経済編Ⅲ　第三次産業　２００３年／行政編Ⅲ　都市の整備　２００５年　神戸市
戦時下の社会ー大阪の一隅からー　横山篤夫　岩田書院　２００１年
神戸客船ものがたり　森隆行　五艘みどり　神戸新聞総合出版センター　２０１０年
神戸港　昭和の記憶　仕事×ひと×街　森隆行　神戸新聞総合出版センター　２０１４年

味のコレクション3　神戸のパン・ケーキ・チョコレート　神戸新聞出版センター　１９８５年
味　天皇の料理番が語る昭和　秋山徳蔵　中公文庫　２００５年
伝説の料理長　サリー・ワイル物語　神山典士　草思社文庫　２０１５年
グリル「みやこ」のこと　山瀬尋己　２００８年

神戸オリーブイシュー1　神戸阿利襪園　インターナショナル・オリーブ・アカデミー神戸　２０１５年
神戸オリーブ物語　中西テツ　インターナショナル・オリーブ・アカデミー神戸　２０１９年

近代日本とフランスー憧れ、出会い、交流
　国立国会図書館HP　https://www.ndl.go.jp/france/jp/column/s2_1.html
The world of HOTEL LABEL
　http://www.hotel-label.com/index.html

江 弘毅（こう・ひろき）

大阪府岸和田市生まれ。
神戸大学入学から現在まで約40年神戸で過ごしている。
89年『ミーツ・リージョナル』を創刊、12年編集長をつとめる。
ほか雑誌では『西の旅』『大阪人』などを編集。
06年から編集・出版集団（株）140B取締役編集責任者。
『「うまいもん屋」からの大阪論』（NHK出版）、
『いっとかなあかん神戸』（140B）、『飲み食い世界一の大阪』（ミシマ社）、
『有次と庖丁』（新潮社）など街と食に関しての著作が多い。
17年から神戸松蔭女子学院大学教授。

神戸《こうべ》と洋食《ようしょく》

2019年12月15日　第1刷発行

編　者＿＿江《こう》 弘毅《ひろき》
発行者＿＿吉村一男
発行所＿＿神戸新聞総合出版センター
〒650-0044　神戸市中央区東川崎町1-5-7
TEL 078-362-7140／FAX 078-361-7552
https://kobe-yomitai.jp
印刷／神戸新聞総合印刷
デザイン／神原宏一

ISBN　978-4-343-01057-5 C0095